Anonymus

Balladen und Lieder

Anonymus

Balladen und Lieder

ISBN/EAN: 9783956979651

Auflage: 1

Erscheinungsjahr: 2016

Erscheinungsort: Treuchtlingen, Deutschland

Literaricon Verlag UG (haftungsgeschränkt), Uhlbergstr. 18, 91757
Treuchtlingen. Geschäftsführer: Günther Reiter-Werdin, www.literaricon.de.
Dieser Titel ist ein Nachdruck eines historischen Buches. Es musste auf alte
Vorlagen zurückgegriffen werden; hieraus zwangsläufig resultierende
Qualitätsverluste bitten wir zu entschuldigen.

Printed in Germany

Cover: Kirche bei Katwick, Eugène Dücker, ca. 1890

Balladen und Lieder.

Von

-r-, S—h, C. Glitsch, A. W. v. Wittorff,
C. Stern.

Dorpat

Franz Kluge'sche Buchhandlung.
1846.

Inhalt.

Gedichte

von

— r —

Die Jungfrau Maria,

als Beschützerin von Livland.

———

Zur alten Burgkapelle,
Wo bei des Mondes Schein
Aus Blenden Heilige winken,
Tritt ein Ritter ein.
Er schaut mit düstrem Blicke
Die hohe Wölbung an:
„Auf eigne Kraft zu bauen,
Es ist ein eitler Wahn!"

Und vor Marias heilges
Bildniß kniet er hin,
Erhebet im Gebete
Zu ihr den frommen Sinn.
„Maria, Stern des Meeres,
Beherrscherin der Welt,
Der sich zum blutigen Streite
Kein Feind entgegen stellt:

„Du schlugst Wißwold
Mit Feuer und mit Schwert,
Und nahmst ihm seine Länder,
Sammt Hütte und sammt Herd.
Du schicktest deine Fahne
Vom Himmel, schenktest Sieg!
Lembitus Wytamas
Erschlugest du im Krieg!"

„Durch dich hat triumphiret
Stets unser deutsches Heer!
Was hat dich denn erzürnet,
Daß du nicht kämpfest mehr?
Du hast uns verlassen,
Dem Tode übergeben?
Du heil'ge Gottesmutter,
Willst Du nicht, daß wir leben?"

„Du zeige deine Stärke,
Sonst ist der Tod uns nah,
Denn Niemand kann mehr kämpfen,
Der solche Tage sah.
Dort stürmen viel hunderttausend,
Ein gieriges Russenheer,
Hier liegen erschlagen die Besten,
Des Schlosses letzte Wehr."

„Hilf, Jesus Maria!" —
Er schlägt ein Kreuz und geht —
Er tritt an's Bogenfenster:
„Des Feindes Fahne weht!
Steh jetzt mir bei, du Heilge!
Es sei mein letzter Schuß!" —
Und freundlich grüßt die Sonne
In's Schloß den ersten Gruß. —

Und alsobald ertönet
Im Heer ein wilder Schrei.
Der Großfürst stürzt vom Rosse,
Es war sein Todesschrei.
„Maria, Stern des Meeres,
Beherrscherin der Welt,
Du hast dein Land geschützet,
Du hast den Feind gefällt!" —

Die Schlacht auf dem Peipus.

—

Mit bleichem Glanz bemalet
Der Mond das Eisgefild
Und ziehet bang vorüber,
Ein schaurig Leichenbild.
Die Sterne funkeln blutig
Durch's weite Schwarz der Nacht.
Der Frost wühlt in dem Eise,
Das berstend laut erkracht.

Kein Haus, kein Baum zu sehen,
So weit das Auge reicht.
Das Blut erstarrt, wenn schneidend
Der Wind vorüber streicht. —
Was regt sich in der Ferne?
Horch, wie der Hufschlag dröhnt,
Daß weithin auf dem Eise
Das Echo ächzt und stöhnt.

Siehst du die schwarze Masse?
Sie wälzt sich wild daher.
Weß sind die Wappenmänner?
Weß ist das wilde Heer?
Nur matt vom Mond beleuchtet
Erschimmert Helm und Schild.
„Voran, voran geschwinde,
Ihr wißt ja was es gilt!"

„Denn, wenn der Tag sich wendet,
Muß schon geschlagen sein,
Und kampf= und sieggekrönet
Ziehn wir in Rußland ein!"
Der Zug stürzt rasselnd weiter.
Indeß im Osten kaum
Auf leis gehobnem Fittig
Erglänzt Aurora's Saum.

Es dämmert, und wie die Sonne
Am Horizont sich hebt,
Zeigt sich den kühnen Recken
Das Ufer rings belebt,
„Das ist er, ruft einer der Ritter,
Das ist der Feind, der Ruß!
Und diese Lanze schwing ich
Auf ihn, als Morgengruß."

Und das bewaffnete Ufer
Naht sich, ein mächtiges Heer,
Und Reuter und Reiſge zu Fuße
Mit Schildern und Schwertern und Speer.
Und vor den unzähligen Schaaren,
Da ſprenget ein ſtattlicher Held.
„Das iſt er, das iſt Alexander,
Der tapferſte Ruſſe im Feld!“

„Holla, ihr deutſchen Brüder,
Ihr Ritter ſtolz und kühn,
Heut ſollen euch auf dem Eiſe
Gar rothe Roſen erblühn!
Den Keil geformt, ihr Kempen,
Es ſtehe Mann an Mann.
Ich Herrmann Balk, Herrmeiſter;
Ich reite vornen an!“

Da stürmen die Heere zusammen,
Und wie ein Donnerstoß,
Stürzt niederschmetternd der Deutsche
In des feindlichen Heeres Schooß.
Herrmann sprengt wie ein Löwe
Voran, wie ihm gebührt,
Das Schild liegt in der Linken,
Das Schwert in der Rechten er führt.

Und hier durchbohrt er die Einen,
Dort mäht er die Anderen hin,
Er badet die triefende Waffe
In Blut mit grollendem Sinn.
Kein Russe mag ihm stehen,
Und wo sein Wetter naht,
Da weichen die Feinde zerstiebend
Unter fallender Wundensaat.

Wol möchte Alexander noch
Dem Sieger widerstehn,
Dorthin möcht er sich stürzen,
Wo Feindesfahnen wehn.
Doch fliehen seine Streiter.
Er fleht — umsonst! — Er droht,
Doch in der Angst vernehmen
Sie nicht sein Machtgebot.

„Steh, — ruft er einem Russen
Der ihm vorüber flieht —
Du hörst nicht, nun so fluche
Ich dir ein Sterbelied!"
Der Russe stürzt zu Boden, —
Doch keinen rührt die Schmach.
Sie fliehen vorüber und rufen:
„Steh, wer da fallen mag!"

„Holla, jauchzt Herrmann,
Seht dort die Feigen fliehn,
Wer könnt' auch widerstehen,
Wenn wir die Schwerter ziehn."
— Der Keil löst seine Glieder.
Und jeder Reuter sprengt,
Sein Wildprett zu erjagen
Dort, wo die Flucht sich mengt.

Hier stürmt ein hoher Kempe
Die Lanze in dem Arm,
Und treibt vor seinem Speere
Einen Russenschwarm.
Dort erntet mit dem Eisen
Ein anderer das Feld:
Zur Linken und zur Rechten
Der Wald der Halmen fällt.

Seht dort den kühnen Recken,
Wie er die Keule schwingt,
Zermalmt sinkt alles nieder,
Wohin er mordend bringt. —
Horch, was will das werden?
Welch heller Waffenschall?
Wer sind die fremden Streiter
Dort auf des Ufers Wall?

Und vor den wilden Reutern,
Da sprenget ein stattlicher Held.
Ja, das ist Alexander,
Der kühnste Russe im Feld.
„Holla, ihr deutschen Brüder,
Den Keil geformt auf's neu!"
So rufet ter tapfere Herrmann
Und sprenget im Fluge herbei.

Doch naht mit Windeseile
Das frische Russenheer.
Weh euch, ihr Deutschen, wehe!
Nicht hilft euch kühne Wehr!
Und heiß wird das Gemetzel,
Der Russe stürmt mit Macht,
Doch flieht kein Deutscher Ritter, —
Er liebt den Grimm der Schlacht.

„Wo ist euer Keil geblieben?! —
Das ist der Russen Schrei —
Nun da ihr den verloren,
Ist auch der Sieg vorbei!"
Und mächtiger drängen die Russen
Mit Spießen und Schwerterstreich.
Doch — wo ein Deutscher gestanden,
Da ist er gefallen zugleich. —

Seht dort, wer sprengt die Feinde,

Und schwinget den mordenden Blitz?

Die Stimme tönt wie der Donner

Im schwarzen Wolkenfitz.

Er wetzt den triefenden Stahl

An den Schädeln der Ruffen umher.

Sein Helm ist unverschloffen,

Des Auges Strahl sein Speer.

„Holla, ihr deutschen Brüder,

Ihr Ritter stolz und kühn,

Jetzt werden euch auf dem Eise

Gar rothe Rosen erblühn!“

Er stürzt in die Saat der Waffen,

Eine Lanze durchbohrt ihm die Brust!

Er sinkt und ruft: „O Livland,

Das ist des Falken*) Luft!“ —

---

*) „ — — welcker [Herrmann Balk] od van etliken Herman Balke [Falke], velichte syner drepliken daden haluen, genömet werdt — — “ [Ruffom].

Zwei Estnische Sagen.

I.

Wannemunnes erster Sang.

———

Es schwieg der Hain, vergoldet
Vom ersten Morgenstrahl,
Und blickte andachtsinnend
Hinunter in das Thal.
Und aus dem Thal erglänzte
Des Mutterbaches Fluth.
Es glitt, ein klarer Spiegel,
Dahin ihr heilges Blut.

Langsam, leise zog
Der Wind durch Thal und Hain,
Noch hatte er nicht gelernet
Das Brausen und Pfeifen und Schrein.
Auch der Mutterbach schwieg,
Noch verstand er nicht murmelnden Sang,
Der Hain selbst schwieg,
Nicht kannte er rauschenden Klang.

Und wie das Herz im Beten
Rings Thal und Hain erschloß
Da bebt' es in den Lüften,
Und aus der Höh ergoß
Ein wonnigliches Rauschen
Sich in des Haines Grund,
Und seelentzücket lauschen
Die Eichen in der Rund.

Und sieh, der Gott des Sanges
Steht da in heilgem Glanz,
Er streicht sich von der Stirne
Der Götterlocken Kranz.
Er ist es — Wannemunne,
Im faltenden Talar,
Es wallet in dem Winde
Des Bartes Lockenhaar.

Und unter eine Eiche,
Da setzet er sich hin,
Im Arm ruht ihm die Harfe,
Der Töne Meisterin.
Und horch! Accorde schallen,
Es rauscht der Saiten Ton,
Und selbst Allvater lauschet
Herab vom Himmelsthron.

Da wird es laut im Haine,
Alles eilt heran,
Die Menschen all, die Thiere
Alle horchend nahn.
Alles staunet und lauschet
Der Wundermelodie,
Der Brust des Erdensohnes
Entquoll solch Götterlied noch nie.

Erst sang er von der Menschen
Unglück und Glück,
Er rief so manche Freude
Und manches Leid zurück.
Dann sang er vom Mutterstrome,
Von seiner Ufer Lust,
Und Wonnetaumel wogte
In seiner trunknen Brust.

Sang, wie des Flusses Ufer
Dereinst verzaubert waren,
Und wie der Zauber endlich
Gelöset nach langen Jahren.
Eine Zähre glänzte
Im Auge hell und klar,
Und seine Freudenthränen
Durchnäßten Gewand und Talar.

„Wie schön ist hier die Erde,
Wie schön in ihrer Pracht,
Wie hast du sie, Allvater,
So wunderhehr gemacht!
Dich loben rings die Wasser,
Dich lobt der Lande Kreis,
Und aller Himmel Himmel
Sind deiner Gottheit Preis.

„Ich kehr in deine Hallen,
Allvater, nun zurück,
Dort soll ein Lied erschallen,
Vor Göttern ein Meisterstück.
Dann lauschen der Erde Söhne
Dem Lied, das mir entquoll,
Doch wird nur der vernehmen,
Der ganz der Weihe voll.

„Auf daß des Lieds, o Menschen,
Ihr nie vergessen wollt,
So werd ich Boten senden,
Daß mein ihr denken sollt.
Und wann des Glückes Auge
Einst wieder auf euch wacht,
Dann werd ich wieder kommen
Mit meiner Sänge Götterpracht. "

Die Bäume finnen rings,
Der Wind selbst höret auf,
Der Mutterbach, versunken
In Andacht, hemmt den Lauf.
Und durch das Laub der Bäume,
Im dunkeln Hinterhalt,
Lauschet das schielende *) Echo,
Das neckende Echo im Wald.

Doch faßten nicht Alle
Die Fülle des Wundersanges,
Nicht jedem hatte Allvater
Verliehen die Kunde des Klanges.
Die Bäume des Haines erkoren
Das Rauschen, das sich ergoß,
Als bei des Gottes Kommen
Der Himmel sich erschloß.

*) Köwerfilm.

Drum achte auf das Rauschen,
Wenn Du im Walde schweifst
Und lustig dich ergehend
Dein fröhlich Liedlein pfeifst.
Und hörst du der Quelle Murmeln,
Des Bächleins lüsternes Rauschen,
So knie an des Ufers Rand,
Den heimischen Tönen zu lauschen.

Die Quellen und Bächlein alle,
Die lerntens vom Mutterbach,
Der aber ahmet das Rauschen
Des Göttergewandes nach,
Wenn ihm der neue Frühling
Jugendkraft verleiht,
Und er in rauschende Falten
Wirft sein wallendes Kleid:

Was hat der Wind gelernet?
Die traurigen Töne nur,
Drum heulet und pfeifet er immer
Durch Häuser und Wälder und Flur.
Und Sperling und Ente und Eule,
Und Frosch und Katze und Maus,
Die wählten das Knirren der Wirbel
Und Klimpern der Saiten sich aus.

Wol kam das Fischlein auch heran,
Und steckte den Kopf empor —
Doch ist es stumm geblieben,
Im Wasser blieb sein Ohr.
Doch viele Vögel priesen
Des Vorspiels Wunderschall,
Das ist der Sang der Schwalbe,
Der Lerch und Nachtigall.

Die Lerche trägt gen Himmel
Den jauchzenden Gesang,
Es klagt in dem Gesträuche
Die Nachtigall so bang.
Und auf des Daches Giebel
Ihr Lied die Schwalbe singt,
Das nieder zur Nachtigall
Und auf zur Lerche dringt.

Der Mensch nur faßte Alles,
Was der Gott ihm bot.
Er schwebet mit dem Liebe
Von Morgenroth zu Abendroth.
Den Erdkreis rings regieret
Er mit der Stimme Ton,
Durchdringt des Herzens Tiefen,
Und trägt sein Lied vor Allvaters Thron.

II.

Wannemunnes letzter Sang.

(Nach mündlicher Ueberlieferung.)

Zum Feste sitzt versammelt
Das Volk im weiten Thal,
Die Berge formen ragend
Den mächtigen Völkersaal.
Und über ihn als Decke
Spannt sich des Himmels Blau.
Hoch auf der Berge Gipfeln
Ruht der gewölbte Bau.

Stille rings verbreitet
Sich durch der Gäste Menge.
Dem Sänger lauschet freudig
Das schweigende Gedränge.
Den Wettkampf zu gewinnen
Tritt mancher wol hervor,
Die besten Meister kämpfen,
Es staunt der Gäste Chor.

Doch plötzlich wird es stille.
Es schweigt der Töne Klang,
Und aller Herzen schwellet
Ein niegekannter Drang.
Und sieh, der Gott des Sanges
Steht da in heilgem Glanz,
Er streicht sich von der Stirne
Der Götterlocken Kranz.

Er ist es, Wannemunne,
Im faltenden Talar,
Es wallet in dem Winde
Des Bartes Lockenhaar.
Er greift zu seiner Harfe,
Und läßt Accorde schallen,
Daß sie aus aller Herzen
Als Echo wiederhallen.

Und wie er zum Gesange
Der Stimme Klang erhebt,
Und Aller Brust, kaum athmend,
Dem Sang entgegen bebt:
Da tritt aus des Volkes Mitte
Ein altes gebücktes Weib.
Lumpen umhüllen spärlich
Den dürren, zitternden Leib.

Und aus den hohlen Augen
Funkelt ein helles Licht,
Sie blickt mit kecker Miene
Dem Sänger ins Gesicht.
Es peinigt sie im Herzen,
Sie kann es nimmer sehn,
Daß heilgen Liedern lauschend
Im Kreis die Gäste stehn.

Sie räuspert die zitternde Stimme
Und drauf in kreischendem Ton
Beginnet sie zu singen
Ein Lied in bitterem Hohn:
„Auch ich, ihr staunenden Gäste,
War einst eine blühende Maid.
Ich trug statt dieser Lumpen
Ein schöngeschmücketes Kleid.

Die dürren Glieder prangten
Einst in der Jugend Fülle,
Und keusche Reize deckte
Des Busens zarte Hülle. "
Dem Wannemunne dünket
Die Frechheit unerhört,
Die ihn, den Gott des Sanges,
Aus seiner Andacht stört.

Und er beginnt aufs Neue
In vollem reinen Klang,
Doch fällt mit kreischender Stimme
Das Weib ihm in den Sang:
„Einst war ich die schönste Jungfrau,
War weit und breit bekannt,
Und hatte die meisten Freier
In unsrem ganzen Land.

„Doch Keiner wollt mir genügen:
Es kommt ein Beßrer noch —
So dacht ich vor hundert Jahren,
Und denke also noch.
Und glaubt nicht, daß ich scherze,
Ich weiß es zu bestimmt:
Es ist ein knöchern Gerippe,
Das bald mich zur Ehefrau nimmt."

Dem Wannemunne dünket
Zu arg der trotzige Spott,
Und — einen hastgen Accord
Greifet der zürnende Gott.
Es reißt die erste Saite
Und aus dem finstern Wald
Der Wölfe dumpfes Heulen
Ins Thal hernieder schallt.

Die Alte fingt — ihr jubelt
Das Volk mit lauter Stimme —
Und abermals greifet der Gott
Den Accord mit doppeltem Grimme.
Es springt die zweite Saite,
Und über die Berge her
Schleudert der heulende Sturm
Ein grausiges Wolkenheer.

Und wieder fingt jubelnd die Alte,
Ihr jauchzet der Gäste Schaar,
Der Gott greift nochmals zur Harfe,
Es sträubet sich mächtig sein Haar.
Da reißt die dritte Saite,
Und furchtbar der Donner rollt,
Doch die Alte höhnet den Sänger,
Nicht achtend wie er grollt.

Und wie aufs Neue die Menge
Den Jubellaut erhebt,
Da greifet der Gott in die Saiten,
Daß rings die Erde erbebt,
Und es zerreißen die stärksten
Mit unerhörter Macht,
So, daß schmetternd das Echo
Vom schwarzen Himmel erkracht.

Und aus der finsteren Wolke
Leuchtet ein blendender Schein, —
Am Boden liegt des Weibes
Zerschmettertes Gebein.
Plötzlich ist verschwunden
Der Gott in der Wolke Nacht,
Die hat ihn der Erde auf ewig
Entrückend in Allvaters Wohnung gebracht.

Das Prachtgewand.

War einst vor alten Zeiten
Ein Ritter, Tödwen genannt,
Der thronte auf Schloss Ringen,
Das weit und breit bekannt.
An Pracht und Ueppigkeit
Da musst ihm jeder weichen,
Denn unter den Reichsten im Land
War keiner seines Gleichen.

Dem Ritter aber blühte
Eine Tochter zart und fein,
An Schönheit mochte sie
Die Allererste sein.
„O Tochter, schöne Tochter,
Mir wollts nicht anders frommen,
Den Schneider ließ ich dir
Vom Frankenlande kommen.

„Denn wahrlich, wem solche Anmuth
Schon die Natur gegeben,
Der muß auch durch die Kunst
Der Schönheit Reize heben.
Du Schneider, braver Meister,
Sollst keine Kosten schonen,
Ich will dir Zeit und Mühe
Aufs Ritterlichste lohnen.“

„Ha, sprach der Schneidermeister,
Und warf sich in die Brust,
Ich will ein Kleid euch sticken
Zu Herz= und Augenlust,
Mit Gold und Edelsteinen
Von auserlesner Pracht,
Daß selbst der Teufel drüber
Aus vollem Halse lacht.“

Und als sieben Monde verflossen,
Dazu die siebente Nacht,
Da hatte der Meister die letzten
Sieben Stiche gemacht.
Und als die schöne Dame
Den Schmuck hatte angethan,
Da schlug im selben Gemache
Der Teufel die Lache an.

Bilder.

1. Oppekaln.

Dort von des Berges Gipfel
Ragt hoch das Gotteshaus
Und blickt, gen Himmel weisend,
Weit in die Welt hinaus.

Des Hochlands kühne Warten
Sie stehen wie zur Wacht
Am Tempel Gottes betend
All Tag und alle Nacht.

Mit blausehnsüchtgen Augen
Von Horizontes Rand
Schaut treu empor die Ebne,
Ein fernes schönes Land.

Und als ich dort gestanden,
Da ging das Herz mir auf,
Und über Berg und Thale
Nahm es den freien Lauf.

II. Neu-Laitzen von Oppekaln aus.

Weit über Feld und Wiese
Dahin das Auge strebt,
Wo aus der grünen Tiefe
Das Land sich hoch erhebt.

Dort von dem Berge raget
Ein stolzes Herrenschloß,
Das rings das Laub der Bäume
In grüne Rahmen schloß.

Und an dem Fuß des Berges
In friedlich stillem Glanz
Zieht durch des Sees Fluthen
Ein Kahn mit leichtem Tanz.

III. **Oppekaln von Neu-Laitzen aus.**

Ich trat aus dem Herrenschlosse
Hinaus auf den Balkon,
Und zu des Sees Spiegel
Die raschen Blicke flohn.

Und sieh — das Bild der Kirche
In roth und weißem Schein
Strahlt lieblich, Andacht sinnend,
In die klare Fluth hinein.

Des Himmels blaues Auge
Ruht dort in stiller Pracht,
Und hat in treuem Herzen
Der Kirche selber Acht.

Und als ich das gesehen,
Da rührte ein Engel die Fluth,
Wol senkt' ich mein Herz in die Wellen,
Doch heilte nicht die Gluth.

IV. Alt-Laitzen.

1.

Dieß ist das Haus, die Stätte,
Hier wird das Herz gesund
In häuslich stillem Kreise
In fröhlich lauter Rund,

Wo des Gesanges Stimme
Den Lauschenden ergötzt,
Wo des Gespräches Welle
Das Herz erquickend netzt.

———— ———

2.

Dort um das Fenster saßen
Sie an der Arbeit nun,
Ich las aus einem Büchlein,
Was konnt ich besser thun?

Da war manch hübscher Gedanke
Im kleinen Bilderbuch,
Und freundlich nickend lauschten
Die Hörer jedem Spruch.

V. Marienburg vom Teufelsberge.

Hier, Freunde, will ich ruhen,
Hier auf des Berges Haupt,
Auf diesem Steine rasten
Von Zweigen kühl umlaubt.

Dort über jene Gipfel
Da streicht ein freier Wind,
Und kühlet meine Wange
Mit seinem Fächeln lind.

Doch was mich mehr erquicket
Als Wind und Schattendach,
Es ist das Aug der Ferne,
Ein Auge klar und wach.

Dort zwischen jenen Bergen
Ein Thurm ragt übers Land,
So weiß und schlank erhoben
Am Horizontes Rand.

Und ihm zur Seite blinket
Des Sees blaue Fluth,
Mit Zauberblicken winket
Sie mir in feuchter Gluth.

Die waldumkrönten Berge
Sie schauen so vertraut,
Als wüßten sie zu sagen
Von einer schönen Braut.

Der Himmel spannt herüber
Zu mir sein blaues Feld,
Und trägt in jene Fernen
Die Phantasieenwelt.

Streit und Friede.

Tobend brauſet der Sturm
Von des Himmels hohem Wall,
Und zur Wolkenſchlacht ſtürmen heran
Die wilden Rieſen all.
Es fährt die Windsbraut nieder
Zur Erde mit wilden Geſpann,
Und ruft die Vaſallen laut
Zum blutigen Kampfe heran.

Nun stürzt herab der Regen
In Güssen schwer und voll,
Als ob des Meeres Gründen
Die Wasserfluth entquoll:
Die Erde drückt mit Wonne
Die Fluth an ihre Brust,
Hält sie mit inniger Liebe,
Trägt sie in süßer Lust.

Und sieh, die Wolken reißen,
Der Himmel lächelt blau,
Und grüßet liebend nieder
Zur wunderholden Frau.
Da zielt mit Liebespfeilen
Die Sonne erdenwärts,
Und trifft der lieblichen Frau
Das wonnebebende Herz.

Still breitet aus die Arme
Der Himmel treu und mild,
Und schließet an den Busen
Der Erde süßes Bild. —
Bist, Menschenherz, du zerworfen
Mit dir und mit der Welt
Hat wildes Wolkenheer
Den Himmel dir verstellt,

Und droht des Grimmes Blitz,
Des jähen Zornes Wetter,
So sei ein Regenguß,
Das Wort, dein treuer Retter.
Im Bunde Erd und Himmel
Sie stehn dir wieder offen!
Die Seele darf aufs Neue:
Glauben, lieben, hoffen!

Bruchstück aus einem Tagebuche.

— — —

— — — Als ich den Berg erstiegen hatte, sahe ich noch die Sonne, den großen Feuerball, in einem tausendfarbigen Dufte schwimmen. Ich blickte in die Gegend unter mir. Aus den Schluchten lugten die Schatten hervor, ob sie wieder sich erheben dürften. Die Gipfel der Berge brannten, und aus den Niederungen dampfte wolkiger Nebel als Opferrauch und ließ sich von einem leisen Winde ostwärts treiben.

Aus der Tiefe empor rauschte der Wald, und das Tönen war ein inniger Wollustlaut der feiernden Natur. Nebenher lag der See, und Wolkenbilder schifften auf seinem Spiegel. —

Pan lebt, rief ich, und wird ewig leben! —

Ein heiliger Schauder rieselte durch meine Nerven, denn ich sah ihm in sein großes, offenes Auge und verstand den Blick voll Liebe, Weisheit, Macht und Gerechtigkeit. Ich verstand die Kraft der Gottheit in mir, welche mich entzückte, und war stolz meiner Abkunft. Dieses Verstehen war das Gebet, welches ich in mich hinein jauchzte. Noch einmal zuckte die Wimper des Götterauges über die Erde und senkte sich. Ein goldgesäumtes Gewölk schwebte über dem Sonnenuntergang, eine Prachtletter im Buche der Natur. Bald aber verlosch ihr Glanz, und am Horizonte leuchtete nur noch ein heller Streif, denn das Heer der Schatten war aus seinen Schlupfwinkeln gebrochen und erfüllte das Land. Jetzt erhob sich ein lichtes Gewölk am östlichen Firmamente, Luna öffnete die Himmelspforte, lüftete neugierig ihren Schleier, und trat dann völlig hervor. Eitel, wie alle Mädchen, blieb sie stehen an ihrem Spiegel dem See, und ordnete ihre Locken. Als sie aber fertig war, säumte sie und konnte nicht aufhören ihr eignes Antlitz zu betrachten. Plötzlich wurde ich in meinem Anschauen gestört. Ich hörte Tritte unten am See, und erblickte die Gestalt eines Jünglings, welcher auf den am Ufer ruhenden Kahn zuschritt. Ich lauschte und hörte sprechen:

„Das ist der rechte Ort, die rechte Stunde!
Klar blickt der Mond vom dunklen Himmelsbogen,
Des Weihers Lippe hängt an seinem Munde,
Mit Zauberkreisen ist die Fluth umzogen.
Jetzt sei vollbracht die vorgeschriebne Runde
Ums wohlbekannte Maal. Ins Boot ein Satz,
Und nun die Zauberformel zu dem Funde:

     Mein ist der Schatz!"

Der Jüngling läßt den Nachen fürder gleiten.
Um die versenkten Schätze zu erringen
Durchirrt sein Blick die feuchten, dunklen Weiten
Und suchet in die Tiefe einzubringen.
„Doch halt! Hierher sollt ich den Nachen leiten.
Mit Zuversicht sprech ich den Zaubersatz,
Er mag mich in die Tiefe jetzt geleiten:
　　　Mein ist der Schatz!"

Der Mond erhellt die schöngeformten Glieder,
Und in die Wellen taucht der nackte Schwimmer,
Ob seinem Haupt vereint die Fluth sich wieder,
Und silbern kreiset rings umher der Schimmer.
Nun Stille.　Wellen treiben auf und nieder,
Und ledig harrt der Kahn am alten Platz.
Doch sieh, da reget sich das Wasser wieder:
　　　Mein ist der Schatz!

Und aus der Fluth empor mit kräftgem Arme
Sich hebend taucht das Haupt von Wasser flimmernd.
Doch siehe! Welch ein Fund! Das Gott erbarme!
Die Leiche einer Jungfrau zart und schimmernd! —
Entsetzt starrt er sie an in bittrem Harme,
Ruft im Versinken noch den Zauberfatz,
Und preßt ans Herz die Maid, daß sie erwarme:
    „Mein ist der Schatz!"

Ich wollte hinunter — ihm nach — ihn retten, aber ein Zauberbann fesselte meine Glieder. Lange blickte ich unverwandten Auges auf die Stätte, — kein Arm, kein Haupt tauchte wieder aus der Tiefe empor. Der Nachen trieb einsam auf der Fluth. Die Glücklichen, rief ich endlich aus, sind heimgekehrt! —

Pan wird ewig leben!" —

Michels Abentheuer.

Eine wahre Geschichte aus dem Werroschen.

— — Quid rides? mutato nomine, de te
Fabula narratur.

Hor. Satyr.

Jüngst ritt ich einsam über Land
Zu meinem Vetter wohlbekannt.
Daß ich es richtig überleg:
Ein Baum stand rechts von meinem Weg,
Links stand ein großer Schober Heu.
So war es — ja, bei meiner Treu!

Des Abends kehre ich zurück,

Es war derselbe Steg,

Ich seh umher, und was erblick

Ich neben mir am Weg?

Das Heu steht rechts und links der Baum.

Es kam mir vor, als wärs ein Traum.

Ich griff mir an den Kopf und sann,

Ich dacht was man nur denken kann.

Der Baum steht links und rechts das Heu.

Solch Wunder ist mir wahrlich neu!

Ich kann es garnicht kriegen klein,

Wie das Ding will verstanden sein! —

Der König von Zion.

———

„Hosianna, dem Sohne Davids!
Gelobet sei, der da kommt in dem Namen des Herrn!
Hosianna in der Höhe!"
Und in jubelndem Tumult
Streuet das Volk Palmen,
Und breitet die Kleider auf den Weg.
Durch die Thore aber ziehet der Zug,
Und in Mitten des Volkes
Reitet auf dem Füllen einer Eselinn
Ein Mann in schlichtem Gewand:
     Der König von Zion!

Und über Jerusalem kamen Tage
Unvertilgbarer Thaten schwanger!
Und es geschah wie geschrieben stehet!
Und wieder öffnen sich die Thore,
Und mit wildem Tumult stürmet das Volk hervor,
„Kreuzige, kreuzige," ruft es,
„Auf gen Golgatha!"
Und in Mitten des Volkes
Schreitet ein Mann vom Holze des Kreuzes belastet:
    Der König von Zion!

Mit dem Liede:

„Den lieben langen Tag ꝛc."

(welches ich in — — 's Notenbuch schrieb.)

———

Dieß liebe Liedchen, in des Buches Mitte,
O, möge Dir es nun wie mir gefallen!
Und milde tönend möge es verhallen,
Wie wenn durch Abendlüfte leise glitte

Von der Kapelle her des Glöckleins Schallen,
Wenn allen Herzen leis entschwebt die Bitte:
„O Jesu, jetzt auch leite unsre Schritte,
Da rings die Schatten nun der Nacht gefallen."

So töne denn wie innges, leises Flehen
Dieß treue Lied aus deinem frommen Munde.
Die Engel, die dich Tag und Nacht umstehen,

Erfreuen sich ob solcher Sangeskunde,
Sie schließen betend, still und ungesehen
Um dich des Schutzes ewigheilge Runde.

Am
Vorabende ihres Geburtstages.

Mein heiß Gebet steigt auf zu jenen Höhen
    Der dunklen Nacht,
Wo Mond und Sterne bei einander gehen
    Und Friede wacht.

Das ist die selge Nacht, wo jenen Landen
    Das Kind entschwebt,
Das jetzt mit ewigfesten Liebesbanden
    Mein Herz unwebt.

Ihr frommen Engel steiget zu ihr nieder
            Ins Kämmerlein,
Und lasset um sie tönen eure Lieder
            So fromm und rein!

O, gebt ihr dann im Traum die ewge Kunde
            Von meiner Treu,
Und sagt, daß ich zu jeder, jeder Stunde
            Ihr eigen sei!

——— —— —

Der Blumenschmuck.

———— · · · ·

Schmückt mit Blumen sich die Dirne,
Blumen, die sich zärtlich schmiegen:
Jenes Röslein an der Stirne,
Jenes Sträußlein an dem Mieder,
Die sich hin und wieder
    Wiegen.

Ein Vergißmeinnicht das nicket
Aus der Locken dunklem Kranze,
Hat verwirrt sich und verstricket,
Möcht ihr gern am Herzen kosen,
Schwingend sich im losen
    Tanze.

Und am Kleid in bunten Reihen
Tausend andre Blümlein schaukeln,
Liebend stets gepaart zu zweien.
Wie sie flüsternd, nickend, lauschend,
Heimlich Blicke tauschend
     Gaukeln!

Und mir ist als wenn die Blüthen
Und die Blumen, wie sie klingen,
Einst aus meinem Hirne sprühten:
Bunte, heiße Liebeslieder,
Die sich hin und wieder
     Schwingen.

Fels und Epheuranke.

Lüstern umschlingt ihren Stein die Epheuranke,
Beugt sich über ihn hin und flüstert, die schlanke,
Kosend zu ihm: Was bist du denn immer so mürrisch?
Quält dich vielleicht ein sorgender, trüber Gedanke?
Kostest du vom Thau des Morgens nimmer?
Labst du dich nicht am heilenden, himmlischen Tranke?
Kalt empfängst du meine glühenden Küsse,
Und erwiederst sie nicht mit herzlichem Danke!"
Aber es träumet der Fels und die erste Liebe
Wünscht er thöricht zurück der Seelenkranke. —

Der Spaziergang.

———

Ging ins Thal das schönste Mädchen,
Ging ins Thal für sich allein.
War es nicht ein andres Mädchen,
Wirds mein Lieb gewesen sein:

Ging ins Thal zur Murmelquelle,
Ging ins Thal allein für sich,
Und es schaut sie an die Welle,
Küßt ihr Bild so minniglich —

Ging ins Thal den Thau zu grüßen,
Ging für sich allein ins Thal,
Und der Thau zu ihren Füßen
Schmückt mit Demant sie zumal —

Ging ins Thal wo Blumen schaukeln,
Ging für sich ins Thal allein,
Und die Düfte sie umgaukeln
Blumengeister zart und fein.

Ging ins Thal das schönste Märchen,
Wußte nicht wozu allein?
Manches lose Sommerfädchen
Folgte ihr in buntem Schein —

Ging ins Thal durch Blumen schlüpfend,
In das Thal allein sie ging,
Und die Vöglein sie umhüpfend,
Folgten ihr mit Sang und Sing —

Ging ins Thal der Luft nicht achtend,
Welche rings sie eng umschlang,
Und die Sonne sie betrachtend
Blick' ihr nach mit heißem Drang —

Ging ins Thal in sich versunken,
Alles folgte ihrem Gang,
Und der Schatten hingesunken
Schlich ihr nach so sehnsuchtsbang.

Ging ins Thal das schönste Mädchen,
Rings um sie der bunte Schein,
Wußte nichts von Liebesfädchen,
Wußte nicht wozu allein. —

Verloren und zerstört.

— —

Meine Ruhe ist verloren
Und mein Friede ist dahin,
Die ich treulos einst verlassen
Liebet mich noch immerhin.

Meine Ruhe ist zerstöret
Und mein Friede ward zu nicht,
Denn, die mir mein Herz bethöret,
Hält mich fest und läßt mich nicht.

— — — —

Der letzte Sonnenstrahl
und die Nacht.

—— —— ——

Auf der Wolke Saum entschlummern
Will der Sonne letzter Strahl,
Und herbei in düstrem Kummer
Schwebt die Nacht so bleich und fahl.

Und sie knieet händefaltend
Hin zum Untergange, kaum
Athmet sie, und flehet bange,
Und berührt der Wolke Saum.

Doch den Strahl erreicht sie nimmer,
Denn er fliehet ihre Spur.
Weinend wallt die Nacht und finster
Durch der Sterne goldne Flur. —

Jener Sonnenstrahl, o Mädchen,
Jener letzte ist dein Bild,
Und die Nacht mit stummem Beten
Ist mein Herz von Gram erfüllt.

Der Nachtwandler.

--

Am dunklen Bergeshang
Ging ich allein,
Es flüsterte die Nacht so bang
Im Sternenschein.

Ich lauschte in die Schlucht:
Der Quell nur sprach
Im Traum von seiner Flucht
Der Liebsten nach.

Da rauscht das Wipfelmeer
Hoch über mir
Und seufzet, wie im Schlafe, schwer
Manch Lied von dir.

Der Mond blickt bleich und blaß
Durchs Laub mich an.
Ich eile fort — das Auge naß —
Die dunkle Bahn.

Laß mir, o Mond, den Schmerz,
Sie liebt nicht mehr,
Der ich auf immer gab mein Herz!
Sie liebt nicht mehr!

————————

Einst und Jetzt.

—

An dem einsam stillen Teiche,
Wo die Welle kaum sich kräuselt,
Spielt ich oft als muntrer Knabe
Rings von Birken kühl umsäuselt.

Und ich ließ das kleine Schifflein
Mit dem Winde spielend schwimmen,
Und nur auf mein Spielzeug achtend,
Hört ich nicht der Vöglein Stimmen.

Und ich weiß nicht was sie sangen,
War es Jubeln, war es Klagen?
Doch mir ist als könnt ichs ahnen,
Brauchte nicht darnach zu fragen:

Wenn ich jetzt am Teiche steh:,
Und die Waſſer kaum ſich kräuſeln,
Wenn die Birken ſanft ſich wiegen,
Laue Lüfte mich umſäuſeln,

O, da wünſch ich mich zum Meere
Ferne von bewohnten Küſten,
Wo Orkane ſich zum Kampfe
Mit dem Oceane rüſten!

Ocean, den breiten Rücken
Beut dann meinem leichten Schiffe!
Du Orkan, ſtreu in die Wolken
Uns, zerſchell uns an dem Riffe!

Dann auf tiefem Meeresgrunde
Träumend, könnt ich ruhig ſehen
Langſam — ſtets in alter Runde,
Auf und ab die Sonne gehen.

Süsse Pein.

— —

Jetzt würde ich dich bitten
Wol um ein Mordgewehr,
Um mir das Herz zu lösen,
Das mir so voll und schwer.

Doch, Freund, ich thu es nimmer,
Denn süß ist jene Pein,
Und wird der Schmerz mir schlimmer,
Wird er auch süßer sein.

— — —

In der Neujahrsnacht.

———

Es nahet sich im raschen Schritt das neue Jahr.
Was bringet in den Taschen mit das neue Jahr?
Für Ostern bringt es bunte Eier, Pfefferkuchen,
Gar manches bringt zum Naschen mit das neue Jahr.
Und zum Geburtstag bringt gar viele schöne Dinge,
Bringt manches auch zum Haschen mit, das neue Jahr.
Zur Weihnacht bringet neue Nürrenberger Waare
Zum frohen Ueberraschen mit das neue Jahr.
Doch bis es wieder Weihnacht ist hats gute Weile:
Du, Bruder, nimm die Flasche mit ins neue Jahr.

Uns bringt es nicht die frohen leichten Kinderspiele,
Uns bringet Netzesmaschen mit das neue Jahr,
Die einer ernsten Lösung nicht des Spiels bedürfen.
Auch bringet Traueraschen mit das neue Jahr,
Es giebt das Herbste mit dem Süßesten zu kosten.
Drum Muth betritt mit raschem Schritt das neue
Jahr!

————————

An meine Lyra.

Anakreon. Ode I.

Will ich die Atriden singen,
Und dem Cadmus Lieder bringen,
Tönet meiner Lyra Gold
Stets nur in der Liebe Sold.

Saiten tauscht ich jüngst und Leier,
Daß zu des Herakles Feier
Rausche ihrer Lieder Ton,
Doch die Laute sprach mir Hohn,

Sang von Liebe immer wieder!
Lebt denn wohl, ihr Heldenlieder,
Und du, Lyra, tön allein
Von der Liebe süßer Pein.

Nothwendigkeit des Trinkens.

Anakreon. Ode 19.

Trinket nicht die schwarze Erde?
Trinket nicht ein jeder Baum,
Nicht vom Bach des Meeres Saum?
Trinkt die Sonne nicht vom Meere,
Nicht der Mond von seiner Sonne?
Und, o Freunde, solche Wonne
Wollt ihr, daß man mir sie wehre?

———⋇———

Gedichte

von

Z — h.

Der Baum der Dichtung.

Der Vogel fliegt durch das Reich der Luft
Mit weithinwehenden Schwingen.
Die goldenstrahlende Sonn' ihn ruft
Und des blauen Aethers balsamischer Duft,
Hochauf zu den Sternen zu dringen.
Doch wie er auch strebet und wie er begehrt,
Ermattet sinkt er zurück zur Erd.

Es fliegen bis über die Sternenhöh'n
Des Menschen stolze Gedanken.
Doch wie er glaubet fest zu stehn,
Faßt schon ihn strudelnd der Stürme Wehn,
In denen die Sterblichen wanken.
Der Weg zur Höhe ist lang und weit,
Und auf ihm wacht die Nothwendigkeit.

Der Sänger allein hat ein freundliches Loos
Aus des Schicksals Urne gezogen.
Ihm, der der Götter Speise genoß,
Ist nicht der gewagte Flug zu groß
Zu des Himmels blauendem Bogen.
Er spähet frei durch's gesegnete All,
Und hört auf des Lebens rauschenden Schall.

Er allein in dem ungeheueren Raum
Der herrlichen Wohnung der Geister,
Er kennt und umfaßt den gewaltigen Baum,
Der reicht bis zu aller Welten Saum;
Und Baum der Dichtung heißt er,
Der von Uranfang war hingestellt,
Als erhaltende Säule der blühenden Welt.

Drei Wurzeln hat er, die gehen weit
Bis zu dem Grunde der Sphären.
Dort, wo in dauernd wechselndem Streit
Am Grundstein der rollenden Ewigkeit
Die Zeiten vergehn und gebären,
Dort wurzelt tief in eine der drein,
Und birgt in sich stille das Werden und Sein.

Drei Jungfrauen sitzen an seinem Rand,
Wie gestern, so heute gereihet:
Bei der einen die Blicke zurück gewandt,
Bei der andern fernhin spähend versandt,
Bei der dritten vor sich geneiget.
Sie sinnen schweigend und graben dort
In goldne Tafeln des Schicksals Wort.

Dort, wo aus des Chaos unendlicher Nacht
Sich entwirrte, was ist und was lebet,
Wo der Geist, der die Welten ins Leben gebracht,
Und die Dinge ordnet und ewiglich wacht,
In der Zeiten Jugend geschwebet:
Dorthin die zweite der Wurzeln steigt,
Und in sich Wesen und Form erzeugt.

Da wallet harmonisch, Well' auf Well' —
Ihren Grund hat Niemand erfahren —
Der ewigen Weisheit krystallener Quell;
Und über ihm wehet ätherisch und hell
Der Hauch des Schönen und Wahren.
Da sind die Dinge stets heiter und neu,
Und athmen Leben und athmen frei.

Doch unten tief, wo das Leben starrt,
Entfernt von der Sterne Gefunkel,
Wo der Wahn, der nie mit dem Wahren sich paart,
Die Schlangen des Abgrunds zusammen geschaart
In kaltem, schrecklichem Dunkel:
Dort sitzet des Chaos feindlicher Rest,
Dort wurzelt die dritte der Wurzeln fest.

Das ist das schaurige weite Gebiet,
Wo das Böse kämpft mit dem Guten.
Doch wie auch die Schlange den Giftschwall sprüht,
Und nimmer rastend die Wurzel glüht
Mit des Abgrunds eisigen Gluten,
Und mit scheuem Späh'n ihr Verdorren bewacht —
Umsonst! fort lebet des Baumes Pracht.

Des Baumes grünender Wipfel geht,
Von den Geistern der Schöpfung umwohnet,
Hoch hin, wo der Vater erhaben und stät,
Verborgen in ewiger Majestät,
Im Reich der Vollkommenheit thronet.
Da ist ein stetes heiliges Licht,
Ausströmend aus seinem Angesicht.

Der Dichter steigt an den Baum empor
Und wiegt sich auf seinen Zweigen.
Ihm hat sich geöffnet der Zeiten Thor,
Draus gehn des Schicksals Töchter hervor,
Die ihn zum Göttlichen weihen.
Ihm hat zum belebenden Trank sich enthüllt
Der Born, draus Erkenntniß und Weisheit quillt.

Er hat auch das finstere Schlangengewühl
In des Abgrunds Tiefen beschauet —
Doch oben winken der Blüten viel,
Hellstrahlende Sterne im heitern Spiel,
Vom Lichte des Himmels bethauet.
Die winken ihm stille mit holdem Glanz
Und winden sich tönend zum Liederkranz.

Der Ewige aber schauet darein
Und ruft den begeisterten Sänger.
Ihm ward gegeben ein kurzes Sein,
Doch schwingen die Jahre sich fürder im Reih'n —
Im Liede lebet er länger.
Denn was nicht die dunkele Erde gebar,
Das reihet sich leuchtend zur ewigen Schaar. —

Frau Hildur.

Siehst du die Warte stehen
Hoch auf dem Meeresbord.
Die Geister irren und spähen
Um diesen nächtigen Ort.

Nächtlich der Mond sich drüber
Ergeht mit stillem Glanz.
Dann schwingen sich vorüber
Die Elfen im Reihentanz.

Frau Hildur sitzt dort oben,
Stickt einen Teppich bunt.
Runen sind drein gewoben,
Umschlossen vom Sternenrund.

Um Mittnacht ruft sie zusammen
Das wandelnde Wolkenheer,
Blickt durch der Blitze Flammen
Hin über's dunkle Meer.

Da drüben sind zwei Hügel,
Wohl höhere sah' ich kaum.
Sie schaun sich im Meeresspiegel,
Es netzt sie des Meeres Schaum.

Um Mittnacht zwei Gestalten
Steigen hervor daraus.
Gar scharfen Kampf sie halten
Immitten Nacht und Graus.

Der Panzer ist von Eisen,
Das Schwert, das funkelt licht.
Die Kämpfer sind zu preisen,
Die Hiebe fallen dicht.

Blut fließet auf dem Grunde,
Der Panzer färbt sich roth —
So kämpfen sie eine Stunde,
Und fallen nieder todt.

Dumpf sich die Hügel schließen,
Und wieder still und rein
Des Meeres Wellen fließen
Im hellen Mondenschein. —

Frau Hildur hat's gesehen,
Die hohe Zauberfrau:
Da klingt's wie Westeswehen
Ueber des Meeres Blau:

Ihr habet gut gestritten
Um meiner Augen Pracht.
Ihr habet viel gelitten
Von toller Liebe Macht.

Ihr Brüder, legt euch schlafen,
Habt blutiger Wunden viel!
Denn meine Blicke sind Waffen,
Und dies ist Hildurs Spiel! —

———— ———

Nicephorus Tod.

Im innern Gemach des Pallastes sitzt
Nicephorus Phokas alleine.
Aus seinem finsteren Auge blitzt
Ein Feuer, gleich Nordlichts Scheine.
Wie mag so fahl ihm die Wange sein?
Von der Krone Gold ist's ein Widerschein.

Wohl drücket die Krone den Kaiser schwer,
Ihn belasten Tausender Sorgen.
Und wer mag ihm geben die treue Gewähr,
Daß sie ihn schmücket noch morgen.
Und glaubt er fest und gesichert den Thron,
Sieht unten er bald den Verräther drohn.

„Wohl faß' ich den Scepter mit kräftiger Hand,
Und hielt in der Rechten die Lanze.
Vor mir hat der Feind den Rücken gewandt
In des Krieges entscheidendem Tanze.
Mein Arm hat wieder gebracht zurück
Die alten Zeiten voll Ruhm und Glück.

Auf den Thron, an dem ich ein niederer Knecht
In Schlachtenwettern gestanden,
Hat mich geführet des Geistes Recht,
Und der Schwächere starb in Banden.
Ihm war der Dolch von dem Weibe gewetzt,
Das auf den Thron den Würd'gern gesetzt.

Und haſt du, Romanus, dem Weib vertraut,
Den Tugend lügenden Blicken,
So war dein Haus auf den Sand gebaut,
Vergänglich vor ſchmeicheluden Tücken.
Denn die arge Seele hat nimmer Ruh
Und eilt von dem Alten dem Neuen zu.

Nicht will ich theilen dein ſchmachvoll Loos,
Und das ſchnöde Gefäß ſei zerbrochen.
Wie die Schuld ſich häufet rieſengroß,
So ſei ſie vom Himmel gerochen.
Drum mit ihr ſei morgen Zimisces gefällt,
Der ſeinem Beherrſcher Schlingen geſtellt!"

Und noch ſtehet der Kaiſer in Sinnen da,
Der That, die er dräuend erkoren,
Gedenkend — da horch! ſchon iſt ſie nah,
Schon hat die Nacht ſie geboren!
Ringsum der Pallaſt von Verräthern umwacht —
Kein Stern erhellet die dunkle Nacht.

Und Zimisces in die Gemächer bringt
Mit leisen, scheuenden Tritten.
In seinen Händen den Dolch er schwingt,
Und zum Kaiser ist er geschritten.
Und lautlos stehet der Kaiser und bleich,
Und empfängt, ein Held, den Todesstreich.

Und wie die Sonn' aus den Fluthen steigt,
Eilt Konstantinopel zusammen.
Zimisces sitzt auf dem Thron und zeigt
Sich dem Volk in der Kaiserin Namen.
Doch sitzt die Kaiserin nicht auf dem Thron ...
Sein Dolch hat sie auch getroffen schon.

Harald Hildetan.

Der König sitzt in der Väter Saal,
Und seine Mannen um ihn im Kreis.
Sie sitzen beisammen beim frohen Mahl,
Und der Becher kreiset nach alter Weis'.
        Doch bang' und enge
        Ist ohne Skaldengesänge
Ein Mahl, wo Muth und Wein erglüht:
Auf, Skalde, singe ein neues Lied! —

Und der Alte tritt aus dem Kreis hervor,
Und lockt aus der Harfe leisen Klang,
Und blicket lange zum Himmel empor,
Bis blißend das Lied ihm die Brust durchdrang.
  Die Töne wallen
   Wie Geisterkläng' in den Hallen,
Sie rauschen und schallen wie Sturmesgebraus,
Und locken das Lied aus der Brust heraus:

„Wie neigst du dich glänzend zum blauen Meer,
Du Odins Auge, du Weltenlicht!
Die Dämmerung ziehet sich nach dir her,
Die deinen Saum mit Purpur umflicht.
  Die Blumen neigen
   Das duftende Haupt in Schweigen,
Und trinken dürstend belebenden Thau
Auf der stillen, glücklich schlafenden Au.

Die Götter bedürfen nicht der Ruh',
Sie wachen und wirken den langen Tag.
Den Menschen fallen die Augen zu,
Dann ist die gaukelnde Seele wach.
    An Himmelshöhen
      Die luftigen Nebel wehen —
In ihnen Walhallas Heldenschaar kreist,
Und zeigt sich unserm schauenden Geist.

Den König hat meine Seele gesehn,
Den nie gebettet des Hügels Grund.
Er kam zu mir von der Götter Höh'n,
Zu mir hat geredet sein Göttermund.
    Er sprach die Sagen
      Von alten vergangenen Tagen,
Er sprach von Thaten, von Heldengewühl
Der hohen, hallenden Worte viel.

Er sprach von alter, entschwundener Pracht,
Von Panzerrasseln und Schwerterhall,
Er sprach von blutiger Männerschlacht,
Von Freiheit und von der Feinde Fall.
    Wie ich, sein Gefährte,
      Das Schwingen des Schwerts ihn lehrte,
Und wie wir schritten mit kühnem Muth
Zur Macht und Freiheit hinan durch Blut.

Drei Reiche bändigt sein mächtger Arm,
Und Weisheit war, was er sprach und sann.
Drei Reiche hielt er am Busen warm,
Daß Ueberfluß durch die Länder rann.
    Die Welt ihn kannte,
      Der Bauer ihn Vater nannte,
Die Helden saßen in seinem Rath,
Und die Sänger priesen des Königs That.

Doch auf von Norden ein Wetter stieg,
Und auf ihm saß ein tapferer Held,
Der rief den König heraus zum Krieg,
Denn einer nur sollte beherrschen die Welt. —
  In sieben Jahren
   Wurden gesammelt die Schaaren
Zur Schlacht, wie nimmer gesehen ist
Auf Erden bevor bis zu dieser Frist.

Und es hub der Tag der Entscheidung an
Wol auf Bravallas blutgem Gefild.
Und unabsehbar auf ebenem Plan
Stand Lanz' an Lanze und Schild an Schild. —
  Wißt ihr die Namen
   Der Krieger, die dorthin kamen,
Aus allen Ländern, unendlich an Zahl,
Um anzuschauen der Könige Fall.

Wißt ihr die Thaten in diesem Kampf,
Wo Brust gegen Brust der Krieger stand
Umhüllt ward die Sonne von blutgem Dampf,
Sie hat ihre Strahlen zurückgewandt.
  Nur Einer werde
  Allein'ger Beherrscher der Erde!
Ich sang's und stürmt' in den Schlachtenreih'n,
Mich mit dem Kön'ge den Nornen zu weih'n.

Die Völker fielen danieder gemäht,
Des Königs Schwert war von Blute roth.
Er ging, wie rasch die Walkyre geht
Die Helden wählend zum schönen Tod.
  Grimm war sein Drohen,
  Der Feinde Schaaren schon flohen, —
Da stand Held Odin auf blutigem Feld,
Denn er ist allein'ger Beherrscher der Welt.

Er stand vor dem König, der Göttergreis
Auf seinem weltdurchfliegenden Roß.
Sein Auge roll' in feurgem Kreis,
Daß Licht sich hell in das Dunkel ergoß.
    „„Nun, König, bereite
      Dich gut zum entscheidenden Streite!
Denn Odin ist selber, der mit dir ficht,
Und hinauf dich führt zu Walhallas Licht.

Dein eherner Schritt ist erklungen gar schwer
Und hell, wie der Donner durch alle Welt.
Du hast dich erhoben zu Macht und Ehr',
Zur Höhe, wo dich kein Sterblicher fällt.
    Den Sterblichen zollen
      Den Becher des Glücks, den vollen,
Die Götter — sie schenken die Gabe ein, —
Die Götter auch können sie nehmen allein.

Hinauf! hinauf! die Einheriar
Auf Wigrids Gefild, sie harren drein.
Reih' dich, du Starker, in meine Schaar,
Und ziehe an ein göttliches Sein!""
  So scholl die Kunde
   Dem König von Odins Munde.
Da hörte Walhallas Ruf sein Ohr:
So schwang er sich lebend zu Odin empor.

Bravallas gewaltige Schlacht, thu' kund,
Wo hat den König geborgen die Erb'?
Wer hat gesehn seines Hügels Grund,
Wo er gebettet mit Roß und Schwert? —
  Ich hab' ihn gesehen
   Wol in der Nebel Wehen —
Ich hab' ihn gesehn in der Mitternacht,
Wenn Alles schläft und die Seele wacht.

Er hat mich gerufen zu sich hinan,
Er hat mich gezogen mit Macht, mit Macht.
Hinauf zu Odin geht meine Bahn —
Leb' wohl, du Erde, in deiner Pracht!
　　Der Helden Sagen
　　Aus alten vergangenen Tagen,
Da oben find' ich sie wieder im Licht
Klar vor Allvaters Angesicht." —

Es schwieg das Lied in des Königs Saal,
Und stumm auf den Sänger der König sieht,
Gedenkend des Vaters bei Odins Mahl,
Den göttlich gepriesen des Sängers Lied.
　　Und wie sie lange
　　Gehorcht dem mächtigen Drange,
Da neigt der Alte sein Haupt so bleich — —
Sein Geist war gegangen in Odins Reich.

Die Braut von Helgoland.

Wenn der Meergott durch die Gewässer zieht,
Und überschaut sein weites Gebiet,
Dann thürmen sich Wogen auf Wogen.
Die Wellen nicken zum Himmel hinauf,
Wie der Nordlandsriesen gewaltiger Hauf,
Als sie gegen die Asen gezogen.

Und es heult der Winde tosender Mund,
Wühlt auf die dunklen Fluthen vom Grund,
Die den Bau der Erde bedräugen.
Und alle die Ungeheuer im Meer,
Sie reih'n um den Herrscher sich schweigend her,
Der Befehle gewärtig, der strengen.

Und der Herrscher steigt auf den mächtigen Wal,
Und fährt bei des Sturms lautdonnerndem Hall
Zu der Küst' aufsteigender Wandung.
Manch heimliches Werk bereitet sich dort,
Wo der Erde Gebein sich fort und fort
Abwäscht in ewiger Brandung.

Dort klang es durch Wogengezisch und Gebraus,
Als ob aus dem innersten Busen heraus
Das Meer laut klage und stöhne:
Wie wenn durch des Wüthens donnerndes Droh'n
Viel zärtliche Seufzer der Brust entflohn
Voll liebessehnender Töne.

Was seufzte das Meer? — Und kennt ihr ihn nicht,
Den Wellengebieter, der Alles umflicht,
Was er schön und begehrlich gefunden?
Was seine Gewalt nicht zu fliehen gewußt,
Das zieht er an seine stürmische Brust,
Und es ist auf ewig entschwunden.

Die Königstochter von Helgoland
War ihm erschienen am Felsenrand,
Da ergriff ihn ein glühendes Sehnen.
Da pocht ihm sein schwellendes Herz so laut
Und wild um die schöne, begehrliche Braut;
Das war sein Seufzen und Stöhnen.

Er harrt' an der Küste und harrte so lang
Mit freundlicher Stirn, und flüsterte bang
Um die Braut mit List zu entrücken.
Umsonst! nie netzte des Meeres Schaum
Der Holden des Kleides wallenden Saum,
Umsonst sein Spähen und Blicken!

Da sandt' er aus seinem krystallenen Haus
Die schaumbekröneten Diener aus,
Und hieß sie wachen und wühlen.
Die hielten alltäglich sorgsame Wacht,
Und wühlten und gruben bei Tag und bei Nacht,
Die kamen und gingen, die vielen.

Die Schiffe flohen das wilde Gestad
Auf ihrem blauen unendlichen Pfad,
Den mächtigen Herrscher verehrend.
Der schmückte unten das Purpurgemach,
Und Korallen und Muscheln zogen ihm nach,
Die sonnigen Schätze bescheerend.

Und die Wellen wühlten von Stund' zu Stund'
Wohl tiefer ein in des Felsens Grund;
Weit hing herüber die Wandung.
Das war das Werk, das bei Tag und Nacht
Die treuen Diener des Herrschers vollbracht
Geheim im Gebrause der Brandung.

Und des Königes Schloß, so hoch und hehr,
Hing über dem luftigen Felsen so schwer,
Es zittert der Erde Veste.
Und es theilt sich der Boden, es theilt sich die See,
Es sinket, es schließt sich, es schäumt in die Höh' —
Es empfing der Herrscher die Gäste.

Wie schloß an die wilde Brust er die Braut,
Die er dort oben liebend geschaut!
Nun führt er sie froh in die Kammer. —
Ueber nackte Küsten die Sonne wallt,
Hoch sprißt der Schaum, die Brandung hallt
An dem Felsen, ein tönender Hammer.

Der Alp.

Esthnische Sage.

—— —— ——

Mein Weib, mein Weib, wie ging es zu,
Daß heute dreimal lachtest Du?
Was ich sonst nimmer an dir gesehn,
O sprich, mein Weib, wie ist's gescheh'n? —

„Mein Mann, mein Mann, o sag' erst mir,
Wie kam es doch, als zum Weibe dir
Du mich gewannst? wie hast du's gemacht?
Dann sag' ich dir auch, warum ich gelacht.“ —

Gar Wunderbares erzähl' ich dir,
Doch enthülle du erst dein Geheimniß mir! —
„Wohlan, hältst du dein Versprechen treu,
So will ich dir es enthüllen frei:

Als die Rosse du heut' an den Wagen gespannt,
Da hab' ich die Augen aufs Dach gewandt.
Es flogen Federn hinunter vors Haus:
Zwei Raben hackten die Augen sich aus.

Da hab' ich zum ersten Male gelacht,
Denn die Leute hattens nicht besser gemacht.
Sie lebten im Hause in Saus und Braus
Und hackten sich fluchend die Augen aus.

Und als wir fuhren zur Kirche beid',
Da stürzte der Wagen zu unsrem Leid.
Da hab' ich zum zweiten Male gelacht:
Wir fuhren grad' über einen Schacht.

Dort war verborgen viel goldenes Geld;
Ein Zwerg war dem Schatze zum Hüter bestellt.
Dem rollte das Rad grad' über die Nas',
Drum machte mit uns er den groben Spaß.

Und als wir gingen zur Kirche hinein,
Da wollte ich fromm und voll Andacht sein.
Doch hab' ich zum dritten Male gelacht:
Die Leute glaubten, es wäre Nacht.

Sie schliefen.   Da kam der Teufel herein,
Und schrieb in sein Buch ihre Namen ein.
Den einen ergriff er mit der Hand,
Und warf mit dem Kopf ihn gegen die Wand." —

Mein Weib, wie sahst du den Teufel da,
Als doch kein anderer Mensch ihn sah? —
„O schweige und sei zur Rede bereit,
Erzähle, wie du um mich gefreit!" —

Es war eine Zeit, wo den Alp ich erblickt,
Hat das Herz mir fast aus dem Leibe gedrückt.
Er kam, ich hatte nicht Rast, nicht Ruh',
Und saß auf mir, wie ein Berg, im Nu.

Da faßte ich endlich den klugen Rath
Und ins Schloß die Thür bei Tage that,
Und wahrte, daß sich keine Ritze fand,
Und bohrte allein dies Loch in die Wand.

Und sieh in dunkler Nacht, da kroch
Das Ungethüm grad durch das Loch.
Da rief ich dem Vater, der schlug in Eil'
Einen hölzernen Pflock davor mit dem Beil.

Als Tageshelle ins Zimmer drang,
Da sahen wir dich auf der Ofenbank.
Ich war ob deiner Anmuth erfreut
Und habe flugs um dich gefreit. —

„Mein Mann, mein Mann, ich muß scheiden von dir,
Den alten Weg zeigst du selber mir!" —
Sie sprach's, und nahm mit dem Winde die Flucht;
Der Mann umsonst nach dem Weibe sucht.

Himmel und Erde.

Wie wallen am blauen Himmel
Im hellen Aethergewande
Der ewig göttlichen Schöne,
Goldene Kronen auf den Häuptern,
Erhabenes Schweigen
Im königlichen Antlitz,
Die nimmer schlummernden Sterne!

Aber nicht Sterne sind's,
Sondern es ist ein schönes, freundliches Mädchen,
Ein königliches Mädchen,

Das sich schmücket den Tag über
An den goldenen Sonnenstrahlen,
Und sich stecket ins Haar
Bräutliche Myrthen
Aus Diamanten, Karfunkeln und Gold,
Und lächelt in des Abends
Süßer Erwartung.
Und in geheimnißvoller Dämmerung
Zündet sie Lichter an
Auf silbernen Leuchtern,
Daß die milden Strahlen
Tausendfältig widerschimmern
Aus Diamanten, Karfunkeln und Gold.
Und sie blickt hinaus aus den Fenstern,
Den hohen Himmelsfenstern,
Und auf die schöne Welt
Und auf die schöne Erde
Mit wollüstigen Augen,
Die in sich bergen ein süßes Geheimniß,
Mit tausend lockenden Liebesaugen.

Aber die Erde schlummert,
Und es schlummern die Menschenkinder,
Die nach des Tages Lasten
Und den groben, grämlichen Sorgen,
Den hohlwangigen Nahrungssorgen,
Sich freuen der Ruhe der Nacht,
Die armen thörichten Menschenkinder.
Und sie wissen es nicht,
Wie lieblich dort oben am Himmelsfenster
Wehen und flüstern die leisen Worte.
Und nur die Liebe
Hat es gehört in der Weste Säuseln
Durchs lüstern zitternde Laub,
Daraus in süßer Gewißheit
Nachtigallen flöten, —
Und sie schleicht sich hinaus aus der engen Kammer
Mit leisen, schweigenden Tritten,
Daß nicht der Vater es hört,
Der mürrische Alte,
Der die zitternde Tochter schelten würde,

Wenn er es hörte.

Und sie finden sich in der Laube,

Die Glücklichen,

Und lächeln einander an

In einem süßen Bewußtsein;

Und im schwellenden Drange des Herzens,

Drin Jeder ein Weltgeheimniß

In schmerzerfüllter Lust

Zu bergen glaubt —

Erzählen sie sich kosend

Alle großen Geschichten,

Alle Wundersagen

Des kleinen, schlagenden Herzens.

Und er flüstert gar weise Reden

Seiner jungen Seelengefährtin zu:

Wie das unendliche All,

Und die blinkenden Zeugen am Himmel,

Und die nährende Erde

Nebst allem himmelanstürmendem Wissen

Schon lange in Nichts zerronnen wären,

Wenn nicht das kleine Herz in der Brust
In der frisch aufkeimenden Liebe
Sie alle vom Tod zum Leben weckte.

Und sie lächelt ihn an,
Und küßt ihm die ach so weißen Lippen,
Und will's nicht glauben,
Daß sie ihn selbst so weise gemacht.

Doch die schelmischen Zweige und Blätter
Hören, wie sie kosen,
Und wollen am andern Morgen
Aller Welt erzählen,
Was sie im Schleier der Nacht gehört.
Doch nur Muth, ihr Glücklichen!
Die thöricht laufenden Menschen
Haben nicht Zeit, um auf sie zu hören,
Und nicht verstehn sie ihre Sprache.

Aber das Mädchen am Himmel
Äugelt wohlgefällig
Durch der Laube grünes Dach —
Und sieht in das zarte Herz des Mädchens
Und des Jünglings lodernde Seele,
Und sieht in die Zukunft,
Das kluge Mädchen im Sternengewande —
Und weint.

Und es kamen noch manche Nächte
Mit süßplauderndem Athem
Und Nachtigallengesang,
Aber es kam das Mädchen nicht in die Laube,
Und es lispelten nun
Schmerzvoll und allein die grünen Zweige
Traurige Geschichten vom Winter
Und vom kalten, weißen Leichentuche,
Das ihnen die Blätter streift,
Die nahrunggebenden Blätter, —

Und trauerten um das schöne Mädchen,
Und wünschten zu trauern an ihrem Grabe.

Dieweil streifte der Jüngling
Einsam auf wildverworrenen Bahnen
Tag und Nacht.
Sein Auge irrte thränenlos,
Kalt war sein Herz:
Denn sie hatten ihm sein Leben gestohlen,
Neidisch die ewigen Mächte,
Hatten sein Herz herausgerissen,
Und konnten es doch nicht geben
Dem kalten starrenden Tod in die Brust,
In dessen Riesenumarmung
Sein Mädchen geknickt zusammenbrach.

Und er eilte durch die Gebirge,
Suchte sich Kräuter und Steine,
Und wollte nicht eher rasten,
Bis er fände das Herz der Erde,

Das fühlende Mutterherz,
An welches er sich beruhigt,
Der theilnehmenden Mutterliebe gewiß,
Ein flüchtender Sohn,
Den sie in der Fremde übel behandelt,
Zur Ruhe betten könnte.

Auf der Höhe steht er,
Und über ihm blickt am Himmel
Das königliche Mädchen
Mit tausend lockenden Liebesaugen.
Und sieh! urplötzlich sind erwacht
Beim Anblick der Wunderlieblichen
Die alten, ungelöschten Begierden
In den Herzen der grauen Titanen,
Der Erstgebornen der Erde,
Die einsam wirkend wohnen
In den Hallen der riesigen Berge,
Und den Menschen bereiten das rauhe Eisen,

Des rothen Goldes gleißende Pracht,

Und der Königskronen funkelnden Demant.

Und es pocht ihr Herz vor Liebesqual

Zur schönen Himmelsgöttin,

Und sie wollen hinauf,

Recken gewaltig die Arme,

Und sich wälzend unter der schweren Decke

Blasen sie das Blut ihrer vollen Herzen,

Des Feuers rothe Säule,

Mit Sand und Asche und Rauch erfüllt,

Empor zum Himmelsgewölbe.

Aber es stieben in Angst

Die Menschen

Hervor aus den Häusern und suchen Rettung,

Und lassen hinter sich trostlos

Das mühsame Werk ihrer Hände,

Und flehen verzweifelnd zu ihren Göttern.

Doch es schweigen die Götter

Und sehen ernst zu dem Schauspiel,

Und sind selbst in dem Schauspiel! —

Klein und schwach ist der Mensch

Aber die Großen der Welt,

Die da sitzen auf Thronen,

Erreichbar nur dem Gedanken,

Neigen sich ihm und umfassen ihn liebreich

Und führen ihn dienend ein

In ihre goldenen Säle.

Strebet empor, ihr Titanen der Erde —

Ermattet stehet ihr ab,

Fern von der Königin des Himmels.

Denn siehe! sie hält am Busen

Das Sehnen und Hoffen der Menschen;

Und sie winket dem Jüngling,

Und ruft ihn empor

Aus der Erde verworrenen Larven.

Hinab die morsche Hülle,

Das lästige Band, das dich gängelt im Dunkeln!

Empor, empor,

Geläutert freie, unsterbliche Seele,

Wo deine Liebe du wiederfindest,

Empor in des Himmels leuchtenden Saal! —
Aber nach blickt die Erde
Kummervoll, und baut ein Grab,
Und weinet Thränen —
Uralter Sehnsucht quellende Thränen —
Und sie sprießen
Und bringen empor ans blühende Sonnenlicht
Aus der Tiefe da unten
Sagen, geheimnißvoll und wunderbar —
Die schäumenden Thränen im hellen Krystall —
Lacrymae Christi. —

Frühlingsmährchen.

―――――

1.

Durch dieses warme Klingen
Der Frühlingsmelodein
Will ich ein Lied euch singen,
Ein Lied gar hold und fein.

Die Bäume sollen's erzählen
Und ihre Blätter jung.
Die Vöglein sollen nicht fehlen
Zur Sangbelustigung.

Die Flüsse rauschen und winden
Zum Lied sich, wie zum Tanz.
Das Meer soll brausen und binden
Wol seine Blumen zum Kranz.

Vom Meere klingen die Saiten,
Da wohnt ein großer Geist.
Der thät gewaltig schreiten
Um seine Inseln zumeist.

Er hält sie kräftig umschlungen
Mit seinem schwellenden Arm.
Aus seiner Brust sind gedrungen
Viel Schmeichelworte so warm.

Ein Eiland liegt darinnen,
Da schläft eine Königin.
Die Holde möcht' ich singen,
Doch ziehts mich zu Balder hin.

Herr Balder herrscht im Süden,
Der König in Perlen und Gold.
Da ist ein ewiger Frieden
Und Freuden selig und hold.

Da liebt die Erde die Sonne,
Da liebt die Sonne das Land.
In minniglicher Wonne
Umschlingt sie ein Blumenband.

Da klingt Gesang in den Lüften,
Im Feld und im Palmenhain.
Da wird von lüsternen Düften
Das Leben gehüllet ein.

Es jubeln die Ritter und Frauen
Auf sammetnem Wiesengrün.
Es schaut aus thauenden Augen
Verlangendes Minneglühn.

Herr Balder in Seide und Rosen
Am Meeresufer liegt.
Das Meer hat mit Schmeicheln und Kosen
In Schlummer ihn eingewiegt.

Da schwimmt, ein singender Bote,
Zum schlummernden König her
In ihrem Muschelboote
Eine Nachtigall über's Meer.

Singt ihm viel Minnegesänge,
Viel Liebes und Süßes ins Ohr,
Lockt ihn durch ihre Klänge
Die träumende Seele hervor.

Sie singt ihm von Meereswogen,
Von Nordens Zauber und Pracht.
Und wie sie davongeflogen,
Ist lächelnd der König erwacht.

Er will nicht lange sinnen,
Er eilt zu seinem Pallast,
Und ruft zusammen drinnen
Seine Diener ohne Rast.

Frisch auf, die Schiffe bereitet,
Und schmücket sie fein und gut!
Noch ehe die Sonn' entgleitet
Treibt mich zur Fahrt der Muth.

Den Weg hat vorgesungen
Mir eine Nachtigall.
Und ist mir die Fahrt gelungen,
Erfahrt ihr Freude all'. —

2.

Nun soll ich weiter sagen
Von Balder, dem Königssohn.
Der wurde schnell getragen
Vom hüpfenden Wellenthron.

Wo seine Schritte weilen,
Dort Anmuth Alles durchdrang.
Wohin denn mag er eilen
Mit Blumen und Festesklang?

Ein Eiland liegt im Meere,
Da wölbt sich der Himmel grau.
Da träumt einsam eine hehre,
Anmuthige Schildjungfrau.

Wo Eis das Meer umziehet,
Wo schneeig die Wolken fliehn,
Im Zauberschlummer lieget
Dort Thules Königin.

Ihr Haar entwallet golden,
Wie Schnee ihr Busen licht.
Ein ernster Geist der Holden
Aus dem Antlitz spricht.

Ihr Haupt vom Helm umschirmet,
Und an der Seit' ein Schwert.
Eismauer sich um sie thürmet,
Da ist sie wohl bewehrt.

Und ihre Ritter und Frauen,
Sie sind aus Nebel gewebt.
Gar seltsam anzuschauen,
Wie's schlafend schafft und lebt.

Sie liegen im Zauberschlummer,
Den Zaubrer, kennt ihr ihn wol?
Gethan hat ihnen den Kummer
Der Zaubergreis am Poh.

Den Niemand noch gesehen,
Der einsam lebt und allein,
Thät aus dem Meer aufstehen
Mit weißen Wasserfein.

Der hat beschworen mit Worten,
Die klangen wie Sturmesdrohn,
Wenn brausend er giebt im Norden
Den Wogen die weiße Kron'.

3.

Da scholl ines Glöckleins Klingen
Hervor wol aus dem Schnee.
Das thät zum Ohre bringen
Der Kön'gin, wie Wohl und Weh.

Da schloß sie auf die Augen
Im Schlafe schüchtern und stumm.
Den Himmel sieht sie blauen
Und die Sonne sah' sich um.

Und nahe hört sie ein Tönen,
Wie Zepyyr und Festesklang.
Und hört, wie fern mit Stöhnen
Des Poles Greis versank.

Da ward's so licht und sonnig —
Entschwunden Mauer und Eis.
Ein Schaudern, heimlich und wonnig
Zieht um sie den magischen Kreis.

Herr Balder führet den Reihen
Und beut ihr liebend den Gruß.
Und beugt sich mit sittigem Neigen
Und küßt sie mit glühendem Kuß.

Das war ja die Süße, die Holde,
Die ihm mit schmelzendem Laut,
Dem König in Perlen und Golde
Die Nachtigall angetraut.

Das war der Lichte, der Milde,
Der sie in des Schlummers Nacht,
Die Kön'gin mit Schwert und Schilde
Maiglühend angelacht.

Sie betten sich auf Rosen
Und wandeln Arm in Arm,
In minniglichem Kosen
Umschlingend sich liebewarm.

Die Jüngling' und Jungfrauen
Bereiten des Festes Glanz.
Sie schwingen sich durch die Auen
Im lichten Elfentanz.

Die Mittnachtssonne glühet
Als Fackel der bräutlichen Nacht.
Des Waldes Chor durchziehet
Die Luft mit der Töne Pracht.

Zum Fest hat uns geheißen
Die Nachtigall süß und traut.
Laßt uns mit Blumensträußen
Und Singen grüßen die Braut.

Der alte Meister.

Ich kenne einen Meister,
Der nimmer schläft noch ruht.
Hat manches Schwert geschliffen
Das tüchtig war und gut.

Er wetzt es auf rauhem Steine
Und singt sein Lied dabei.
Das Schwert accompagniret
Schrillend die Melodei:

O Meister, rauher Meister,
Du machst mir Qual und Pein!
Viel lieber möcht' ich wieder
Das todte Eisen sein!

O Meister, rauher Meister,
Wirst du denn nimmer müd'?
Singst wol seit tausend Jahren
Dein ewig altes Lied!

Weh mir! du kalter Meister,
Bald ist der Tod mein Theil.
Im Schmerz muß ich zerstieben;
Machst mich nicht wieder heil!

Der Meister prüft es sorgsam,
Und nicket klug dazu:
Wohlan, nun bist du fertig,
Du guter Degen du!

Nun hast du die Nacht verlassen,
Die um dich gehüllet war.
Nun glänzt aus dir eine Sonne
So hell und leuchtend und klar.

Nun geh' aus der rußigen Werkstatt,
Ich habe dich wohl geweiht!
Nun wirst du glänzend prangen
An eines Helden Seit'.

Nun geh' hinaus in die Schlachten,
Und bist du von Scharten krank,
So komm zu mir zurücke,
Ich mache dich wieder blank! —

O Leben, du rauher Meister,
Hast keine Rast noch Ruh,
Hast viele Tausend geschliffen —
O schleife nur immer zu!

Leben und Liebe.

————

Ist es denn Liebe, das da winkt? —
Ich bin ein Kind, ich weiß es nicht.
Ich weiß nicht, wie die Sonne blinkt,
Ich war ja nie im Sonnenlicht.

Wohl, Mutter, dir! ich war ein Kind,
Du hast mich nicht als Kind verwöhnt,
Du warst recht mütterlich gesinnt,
Drum reich' ich dir die Hand versöhnt.

Mein Weg besä't mit Dornen dicht —
Mit Blumen auch, wer streute sie?
Warst, Mutter, du's? ich weiß es nicht:
Die Dornen machten Qual und Müh'.

Ich ward ein Mann, hab' ich gemeint,
Sah Manches vor dem Angesicht.
Ist's Liebe, das dort lacht und weint? —
Ich bin ein Mann und weiß es nicht! —

Die Thräne.

———

Lechz' ein die warme Frühlingsluft
Und bunter Blumen süßen Duft!
Das Leben ist so hold und schön,
Und du, du willst es nicht verstehn! —

Nicht ist von Eisen meine Brust,
Drin ich verborgen meine Lust;
Mein Auge blicket klar und hell
Durch einer Thräne reine Well'.

Ich weiß nicht, was die Thräne will,
Sie fließt schon lange mild und still.
In ihren Spiegel ist gehüllt
Wol meines eignen Lebens Bild. —

Schau an die Blumen auf der Au,
Sie baden sich im Thränenthau.
Weißt du, warum die Thräne fließt?
Es ist der Morgen, der sie grüßt.

Lechz' ein die warme Frühlingsluft
Und bunter Blumen süßen Duft!
Laß nur der Thräne ihren Lauf:
Es geht ein Sonnenmorgen auf!

Die Nacht.

———

Die Nacht wallt über die Erde
Im Kleide dunkelblau,
Mit Sternlein dicht besäet,
Die wundermilde Frau.

Sie blickt mit klugen Augen
Um aller Welten Rund,
Will ihre Kinder weihen
Zum neuen Himmelsbund.

Die Blumen zieh'n sich stille
In ihren Kelch zurück.
Sie wollen für sich blühen
Heimlich vor fremdem Blick.

Ich glaube, des Menschen Seele
Ist eine duftge Blum'.
Sie zieht sich still zurücke
Ins eig'ne Heiligthum.

Dort will sie blüh'n und träumen,
Wie einstens sie geträumt,
Als sie im Schooß der Schöpfung
Geheimnißvoll gekeimt.

Ein wunderbares Leben
Hat mild sie angelacht,
Und ihre alten Sagen
Erzählt die alte Nacht.

Gedichte

von

Constantin Glitsch.

Die Nachtwandlerin.

———

Stumm webt die laue Nacht
Das dunkle Kleid der Erde:
Auf stillem Feld nur wacht
Ein Hirt noch bei der Heerde,
    Die Quellen rauschen,
    Und Blüthen lauschen,
Die Schatten flüstern und Schläfer stöhnen,
Im fernen Gebirg, — der Lawine Dröhnen.

Der Mond steht auf der Wacht
Von Westen hergewendet,
Und seine düstre Macht
Todkalte Strahlen sendet:
  Was dran bleibt hangen,
  Das muß er fangen,
  Das muß er ziehn in sein leeres Haus:
Spinnweben gleich spinnt er die Fäden aus.

Auf weichem Lager träumt
Sie, die er ausersehen,
Dahin nun ungesäumt
Läßt er die Zauber wehen;
  Schickt die Gespenster
  Durch's hohe Fenster,
Daß sie umweben mit trügendem Licht,
Die herrlichen Glieder, das zarte Gesicht.

Vor'm Fenster weht und schlägt
Der Nachtluft grau Gefieder, —
Das Mädchen ächzt und regt,
Im schweren Traum die Glieder,
    Die Lüfte treiben,
    Gern möcht' sie bleiben,
Doch folgen muß sie der bösen Macht: —
Vom weichen Lager steigt sie sacht.

Sie neigt sich weit hervor
Durch's Fenster des Gemaches,
Dann schreitet sie empor
Zum hohen Rand des Daches:
    Nun steht sie oben, —
    Zum Mond erhoben
Die nackten Arme, das Aug' geschlossen,
Ein schaurig Bild, vom Dämmer umflossen.

„Zu dir, zu dir hinan!
Mich ruft dein zaubrisch Grüßen!" —
Es bricht die steile Bahn
Jäh ab zu ihren Füßen:
  Er mag sie ziehn,
  Wohl möcht' sie fliehn, —
Noch hält die Erde das flüchtige Kind,
Sie faßt es und läßt es nicht so geschwind.

Der Mond, der kämpft um sie,
Er will sie gar nicht lassen,
Die Erd' hat schwere Müh'
Die Fliehende zu fassen, —
  Doch ruft sie mit Macht,
  Die Schläf'rin erwacht,
Scheu aus den Lüften stürzt sie hinab,
In der Mutter Schooß, in das Blumengrab.

Es birgt die Erde warm
Die wilde Wandertaube,
Sie hält sie fest im Arm,
Damit sie Niemand raube. —
    Der Morgen thaut,
    Die Nacht ergraut,
Der Birkhahn lockt, der Kuckuk ruft,
Frisch zieht in's leere Gemach die Luft.

Abschied von Moskau.

Als ich, umschweifend mit dem Aug', heut meinen
Fuß wand durch's Gedräng,
Ward auf dem lauten Markte mir, in dumpfer Straße
bang und eng:
Es zog mich auf zu Iwan's Kreuz, wo auf dem
Kreml ragt hervor
Ein Riesenthurm, der goldgekrönt vor tausend andern
steigt empor.

Ich hob den müden irren Fuß, das wirre Haupt nach
seinem Glanz,
Und bald umschritt ich neubelebt in reiner Luft den
Glockenkranz.
Mein Blick erging sich rings umher und ward ob
solcher Lust nicht satt,
Denn unter mir lag, Thurm an Thurm, die wun-
derbare Czarenstadt.

Schon war die Sonne fast herab, — die Wolken
gaben Feuerschein
Und tausend Kreuze flimmerten, wie tausend glüh'nde
Kerzen drein.
Aus dunkeln Wolken warfen scheu die Sterne ihren
ersten Blick,
Der Riesenspiegel unter mir gab tausendfachen Schein
zurück. —

Von Allen, die zur Kirche ruft der Weihrauchduft
zum Nachtgebet, —
Von Allen, die der weiche Schooß im bunten Wollust=
wirbel dreht,
Von Allen, die der Schätze Glanz, die Asien sendet
wundersam,
Zum Handel und zum Wandel spornt, — wußt
Keiner, daß ich Abschied nahm. —

Ich stand allein, — ein Sturm erklang, erbleichend
floh das letzte Glühn;
Im dunkeln Osten haftete mein Blick und sah die
Nacht erblühn:
Ein seltsam Schaffen, Kreisen, Mühn begann am
Horizonte weit,
Gewalt'ge Bilder zogen auf, gewappnet', wie zu
enrstem Streit.

Ich sah auf schwerem Wolkenzug zwei riesige Ge-
stalten steh'n:

Die eine westlich, groß und kühn, in blondgelockter
Haare Wehn,

Und östlich saß mit grauem Bart, das schwarze Auge
glutverbrannt,

Ein andrer Schemen, hoch und alt, nach Westen hin
das Haupt gewandt.

Und Jener sprach: Die Zeit ist da! dein Thron ist
morsch, dein Bart ist grau, —

Brich ab dein Zelt, was willst du noch, was trägst
du deinen Gram zur Schau? —

Der Andre drauf: Noch ist es Nacht, die Sonne
ruht im Westen aus;

Bin alt und matt, will ruhen hier! am Morgen
brech' ich ab mein Haus.

11

Hab lang gewohnt in dieser Stadt, du treibst mit
schwerer Hand mich fort,

Tyrannisch schwingst du deinen Stab, anmaßend klingt
dein stürmend Wort!

O Thor, der du dich weise dünkst! du schaust so fest
und sicher aus,

Und baust doch in die Luft dein Nest, auf leichten
Sand dein steinern Haus! —

O Thor, der du in deinem Wahn mich glaubst von
Erde oder Stein!

Es blies Ein Gott am ersten Tag dir so, mir so
das Leben ein.

Drum, ob auch deine starke Hand die Schranke, die
uns schied, zerbricht,

Doch bleibt dein Brauch mir fern und fremd, weil
deine Art die meine nicht.

Was frommt dem Perser, der zu Roß durch Blumen
streichet frei und weit, —
Was frommt dem Hindu, nackt und braun, dein hoher
Hut, dein enges Kleid?
Was nützt uns deine fremde Lust, der ungewohnten
Worte Schall,
Wenn doch auf Schiras Rosenstrauch sich flötend wiegt
die Nachtigall?

Wir bieten Euch von Kaschmirs Frucht; was aber
gebt Ihr uns darum? —
Die Milch habt Ihr mit Gift gelohnt, noch gährt
das Blut vom Opium!
Der Blumen Glühn, der Blüthen Duft beut Euch
die fremde Erde dar,
Und Eure undankbare Hand reißt ihr die Krone
aus dem Haar!

Und Affen sprach's : ich horchte drauf; — die Wolken
flogen scheu dahin,
Im fernen Osten haftete mein Blick, und viel erwog
mein Sinn ;
Verwehen sah ich das Gesicht am dunkeln Horizonte
weit,
Und wunderfam erfaßte mich das ernste Drängen un-
srer Zeit.

———————

Irrfahrt.

(1841.)

An seiner Brust das Haupt 'gestützt
Hat ihr der Schlaf das Aug' geschlossen,
Still ruht sie, einsam, wohlgeschützt,
Vom Mondstrahl silbern übergossen.

Tief über sie dahingebeugt,
Fast möcht' er bittre Thränen weinen!
Ach! ihre süße Lippe zeugt:
Ihn liebt sie, ihn nur und sonst keinen.

„O holdes Kind, du haft das Land,
Das sichre, meinethalb verlassen:
An meiner ungestümen Hand
Wird bald dein Angesicht verblassen!

Fühlst du das Zittern meiner Brust?
Das Schiff ist längst vom Strand gestoßen,
Und hinter uns liegt Land und Lust:
Mein festes Haus und deine Rosen.

Hörst du es rollen unter dir?
Mein Schifflein geht auf hohlen Wogen;
Bald höher tiefer werden wir
Emporgeschnellt — hinabgezogen." —

Dumpf murmeln drüber, wehn und rauschen
Die Tannen bei des Windes Toben;
Sie schläft noch sanft, — er scheint zu lauschen,
Das bleiche Antlitz halb erhoben.

Seit Ewigkeit.

(1840.)

Der Frühling blüht, — die Winde wehn,
Hervor die goldnen Blümlein gehn,
Die Wolken ziehn, — die Brunnen rauschen,
Süß ist's, der Nachtigall zu lauschen;
Lenz wechselt ab mit Winterszeit:
So geht es fort seit Ewigkeit!
Wie es von Anfang war gemeint:
Der Eine lacht, der Andre weint! —
Wir sitzen eben mitten drin

Und denken so in unserm Sinn:
Was soll aus diesen großen Geberden
Für ein groß Resultat geboren werden? —
Darüber wird denn oft gegrübelt
Und dem lieben Gott dies und das verübelt,
Auch ernstlich drüber nachgedacht,
Warum Er das so und das so gemacht,
Drauf Alles gefaßt unter E i n e Frag':
Wohin nun das eigentlich zielen mag? —

Gott aber schweigt zu Allem still
Und macht im Himmel, was Er will.

Im Frühling.

(1842.)

1.

Leben, Leben, du bist stark!
Zum Himmel wirfst du deine Wogen:
Bis in des höchsten Zweiges Mark
Hat dich der Eichbaum aufgesogen!

Laut wühlet deine Hand im Wald
Durch hoher Ahorn' grüne Locken,
Daß Stamm und Ast und Blüthe schallt,
Gleich tiefgestimmten Kirchenglocken.

Du Riesenbild mit tausend Stimmen,
Du Meer der Farben und der Klänge!
Du loderst auf — um zu verglimmen
Im vollen Jubel der Gesänge! —

———— - - ————

2.

Hinaus, hinaus! es ruft mit Macht
Von drüben aus den Blüthenzweigen,
Wo glühend in des Morgens Pracht
Die Zelte sich des Frühlings neigen.

Heerlager hält er allzumal,
Das Jauchzen hör' ich seiner Mannen;
Ihr Banner rauscht durch Berg und Thal,
Die siegend sie im Sturm gewannen.

Sieg, Sieg! das ist das Losungswort:
Bis an die rothen Wolken schallt es,
Die Lüfte rufen's hier und dort,
Die überwundne Erde lallt es.

Hinaus, hinaus! — dem Frühlingssturm
Will ich mich jauchzend übergeben:
Von öder Klippe hohem Thurm
Stürz' ich mich in das tiefe Leben! —

Schon faßt der Wirbel mich mit Macht,
Ich fühl' ihn stark mein Haupt umdrängen:
Du Morgenhimmel, glutumfacht,
Wohlan, magst mir die Locke sengen!

Doch kühlend legt sich, zart und lind
Der helle Thau auf Stirn und Augen,
Frisch durch die Wälder braust der Wind,
Die Wolken ziehn, die Flüsse rauchen.

Heut bist du schön und reich, o Welt,
Und groß, wie ich dich nie gesehen! —
Wenn einst dein Bau zusammenfällt,
Mög' es zu solcher Zeit geschehen!

Dein brandiger Duft schlägt himmelan,
Die Lüfte klingen laut zusammen,
Die Sterne scheu'n aus ihrer Bahn:
Ein Phönix warf sich in die Flammen! —

Fels und Blume.

(1844.)

„Aus kalter Urnacht warfen mich
Schäumende Wogen zum Strand empor;
Donnernd umstanden mich zürnende Riesen,
Als zum ersten Mal
Durch flieh'nder Wolken Spalte
Holdes Licht spärlich mein Haupt berührte.
Und nicht begriff ich den wärmenden Strahl,
Der sich mir schmeichelnd
Heiß auf die starren Glieder legte.

Wohl fühlte ich die Winde wehn,

Doch nicht verstand ich die fremde Sprache.

Und aus der Erde selbst

Rief's mich so seltsam an,

Aber mir war nur Genüge das Meer allein.

Wie ein Kind der Mutter

Süße Milch lächelnd saugt,

Mit zarter Hand liebend den nährenden Busen um=
                                        spannend,

Also ich am Strand,

An der Mutter Brust,

Trank grüßend die schimmernden Wellen

Und fühlte mich stark!

Ein Held in der Wiege

Lachte ich der Blitze;

Oft schossen sie nieder aus schwarzer Luft,

Wie Adler stoßen auf Möven herab —

Und leckten mir gierig ums feuchte Haupt,

Ohnmächtig geißelnd meine feste Schulter.

Aber nicht lang gewährte das Schicksal
Den süßen Traum!
Aus meinen starken Kindesarmen
Rang sich die Mutter,
Schwand und ließ mich allein.
Lechzend lag ich trocknem Sand,
Und weinen wollt' ich ewig,
Aber der Mutter fern
Versiegte die lindernde Thräne,
Und tief in mich selbst schloß ich mich,
Und mit Panzer und Schild rings mich deckend
Spottet' ich des Regens, der mitleidsvoll
Geschwätzig flüsternd zu mir herabkam, —
Ich lachte der kühlenden Söhne der Luft,
Die auf eilendem Botenlauf
Jahrtausende lang
Trostsingend an mir vorüberstreiften,
Und war mir selbst genug —
Und war mir Nichts! —

An schönem Morgen war's, —
Da warf ein Frühlingswind
Buntgeflügelt daher wandelnd
Ein Körnlein mir in den harten Schooß.
Nicht mocht' ich's achten,
Denn leicht war's und klein, wie ein elend Sandkorn
am Strande.
Doch siehe! es regt und bewegt sich in ihm,
Und schüchtern hob sich ein grüner Keim,
Der zagend wuchs, — nicht konnt' ich, mocht ich ihm
wehren;
Konnte nicht wehren des Schauers,
Der bebend mir durch die Adern rann;
Konnte nicht zähmen das Feuer,
Denn alle Funken, die in mir geschlafen,
Schlugen auf, Leben witternd, in einen Brand.
Da durft' ich zum ersten Mal das Morgenroth verstehn!
O liebliches Tagewerk,
Den zarten Fuß der Geliebten
Mit nährender Erde sanft zu umhüllen!

Die Winde brachten sie mir, die Vögel —
Und zu der Wolke hob ich das stolze Haupt,
Und rief und bat um einen Tropfen,
Hing doch am Tropfen mein theures Leben! —
O Glück — einziggenossenes!
Sie wuchs empor — im Stengel zuckt es
Träumerisch hin und wieder
Unbestimmt, bald hier, bald dorthin.
Und zitternd, bebend stand sie ahnungsvoll, —
Ich zitterte, bebte mit —
Bis sie vom Sonnenblitz mächtig gerührt
Das Haupt erhob, blühend, strahlend, die Königin! —
Donn're, Meerfluth, salzschäumende alte Mutter!
Doch nein! vergessen hast du lang dein Kind,
Das du gezeugt, genährt, — auch ich will deiner
        nicht denken —
Abtrünnig ward ich dir und deiner öden Lust —
Mich hat zur Blüthe gebracht
Göttliches Blühen!
Friedvolle Flur, lebenerhaltende!

Ich bin Bürger worden in deinem grünen Reiche,
Denn hier am Busen ruht mir dein Kind,
Meine Geliebte! Ich zog sie auf,
Ich schützte sie, flehte die Lüfte an
Um Speise für sie,
Für sie die Wolke um Trank.
Mein ist sie, mein!
Denn auf mir wurzelt ihre Kraft.
Jetzt erkenn' ich klar und bestimmt und weit
Die Bedeutung der Welt und die meine!

So schwärmt ich — und liebte.
Wenige Stunden nur waren es
Zwischen Jahrhunderten des Schlafs und der nagen=
                                   den Sehnsucht.
Denn ob auch die Sonne schien
Und der Thau sie netzte,
Ob auch die Winde sie frisch grüßten und regten —
Doch welkte sie,
Weil sie nicht Saft hatte:

Ein Fels ja, ein Stein war ihr Nährer!

Vergebens rief ich die Stürme:

Gebt mehr von eurem Reichthum!

Umsonst beschwor ich der Sonne Glut:

Tyrannin! was frommt dir zu saugen die Kraft

Solch armen Kinde?

Umsonst Rufen und Klagen!

Winde zogen,

Die Sonne blickte hoch herab,

Tausend Blumen blühten frisch und üppig, —

Nur sie starb —

Im Sturm verwehte bald das letzte Blatt.

  Und nun — zwar leb' ich, — doch ist's ein selt-
           sam Leben:

Halb Blume noch, halb Stein wieder

Weiß ich nicht, wo ein noch aus.

Als nach Aeonen meine Lebensfrist ich zählte,

Da blieb ich ewig jung!

Jetzt leb' ich Stunden eines Blumendaseins —

Unendlich lang dehnt sich die Reihe! —
Nicht leben kann ich mehr, denn sie ist todt,
Die kurz mein Leben war!
Und sterben nicht: ich bin ein Fels und daure.
Drum deckt Verwitt'rung mich mit schwarzem Schleier,
Ein ewger Gram nagt an der harten Rinde,
Klopft an die Schale, aber nimmer dringt
In's Innre mir der Tod und löst
Mit einen Streich den wirren Knäul des Doppellebens."

* * *

  Das Meer erseufzte, Klagelaut erscholl
Vom Strande her und sich aufbäumend sang
Der Chor der grauverhüllten Schicksalsschwestern,
Der Wogen, laut anrauschend, solches nach:
  „Weh dem, der sich an das hängt, was nicht sein ist!
  Thörichter Mann, hüte, hüte dein Herz vor dem,
  Das zu hegen der unbesonnene Sinn dich treibt!
  Prüfe zuerst, eh' du dein Leben giebst
  An die Pflege des Keimes,
  Ob für die Wurzel du Nahrung hast!" —

ΑΓΟΡΑ.

(1844)

Der Märkte giebt es viel auf Erden,
Und Manches kann erhandelt werden:
Viel Kleider, Schmuck und Waffen scharf,
Und vieles für den Hausbedarf.
Du siehst die Leute rennen, laufen,
Und emsig kaufen und verkaufen,
Sie feilschen, tauschen allerhand,
Mitunter ganz Nichts werthen Tand.
Da kann man bis zur Gnüge sehn,
Wie so geschäftvoll Alle gehn!
Sie ziehn in Pomp wie auserkoren,

Gar stolz die Klugen und die Thoren,
Die, wenn sie nach dem Tröbel laufen,
Ganz thun, als ob sie Weisheit kaufen. —
Doch hat sich Weisheit auf den Gaffen
Von Alters her nicht finden laffen:
Sie kehrt gern in der Stille ein
Und mag gar nicht erhandelt sein.
Die Weisheit kommt dir über Nacht,
Wenn Reue weint und Sehnsucht wacht.
Da muß man sie mild laffen walten,
Das Herz in beiden Händen halten.
Dich irre nicht das Marktgeschrei,
Daß stille Weisheit Thorheit sei.
Dann kannst du kühn zur Menge treten,
Und öffentlich die Wahrheit reden;
Des Lebens Sinn wirst du erfaffen,
Und dich im Tausch nicht täuschen laffen,
Und wie vom Guten, so vom Bösen
Kannst du getrost die Perle lösen.

Das Beinhaus.

Dorpat im Frühling 1842.

—————

Es ragt ein einsam ernstes Haus,
Das hat der Fenster gar zu viel;
Die Lüfte ziehen ein und aus
Und treiben da ein seltsam Spiel:
Das pocht darin und klappert schier
Und rauscht am Gitter hin und her,
Als ob ein ungezähmtes Thier
Im Käsig eingeschlossen wär'?

Du fragst, wer der Gefang'ne sei,
Dem man dies luftge Bett gemacht?
Tritt näher — blicke nicht so scheu:
Gebeine sind's, Gott sei's geklagt!
Die Schädel lugen bleich und hohl
Durchs Gitter nach dem Thal hinaus;
Wär's nicht so fest — sie flögen wol
Wie Vögel von den Nestern aus.

Sie drehn sich planlos rings umher
Gleich Schiffen, die kein Fährmann lenkt,
Weil plötzlich ihn ins dunkle Meer
Die hohe Welle eingesenkt.
Sie schütteln sich, wie's leere Roß,
Wenn es den Reiter abgethan —
Sie stehen da, ob' zügellos,
Und schau'n mich irren Blickes an. — —

Des kahlen Winters ernstes Bild
Immitten Frühlings Sonnenlicht
Hat mich zuerst mit Gram erfüllt,
Und schauernd wandt' ich mein Gesicht.
Die Klage sonder Melodie,
Wenn sie den grauen Fittig hebt —
Wie kreischt sie durch die Harmonie,
Die ruft und lacht und klingend schwebt!

Doch wenn du, Sohn der Freude, mild
Dein Herz dem düstern Bild enthebst,
Und übers blumige Gefild
Der Biene gleich im Lichte schwebst,
Die süßen Honig überall
Aus jedem Kraute muthig saugt,
Und kühn vertrauend ihrer Wahl
Das Gift so wie den Balsam braucht:

O dann versuch's und wappne dich
Mit tiefgehegter Liebeslust; —
Dann wird, was finstrer Trauer glich,
Zum Jubel werden deiner Brust.
Zusammenwächst, was je zersprang,
Du meinest selbst es früher nie, —
Zusammen klingt, was schlecht sonst klang,
In eine reine Harmonie.

Dann wird dies bleichende Gebein
Sich kleiden in ein Festgewand;
Der kahle Schädel hüllt sich ein,
Es rundet sich die Todtenhand,
Und was dir sonst verborgen war,
Und was dir sonst so fern, so weit —
Nun wird es deiner Seele klar;
Der Tod ist todt zu dieser Zeit! —

Allmächtger Odem, wundervoll!
Du kamst, ein starker Siegesheld, —
Von deinem feuchten Fittig quoll
Der Thau des Lebens auf das Feld! —
Die goldne Harfe aus der Luft
Rief auf die Schläfer groß und klein;
Da brachen sie aus ihrer Gruft,
Da regte sich das Todtenbein! —

Steppenblumen.

(1841.)

Ich sah sie keimen auf dem duftgen Plan,
Und ihre schönste Blüthe sah ich an.
Als mich der Frühling mit sich fortgeweht,
Hab' ich sie alle in mein Herz gethan;
Doch als des Mittags Glut die zarten traf,
Da welkten sie auf meiner heißen Bahn.
In diese Blätter hab' ich sie gelegt,
Bewahre sie und labe mich daran.
Es knüpft in Liebe manches theure Bild
Die fröhliche Erinn'rung an sie an.

1. Schneeglöckchen.

Klinge, klinge hell und fein
Freude über Thal und Hain.
Was das Herz begehren mag,
Bringe jeder Tag.

Klinge, Glöcklein, feiner kling',
Singe, Vöglein, lauter sing',
Tanzet frisch die Kreuz und Quer,
Blümlein, um mich her.

Sind wir alle aufgewacht,
Stehn in unsrer schönsten Pracht,
Drüber in dem tiefen Blau
Spiegelt sich die Au.

In den Lüften warm und klar
Regt es sich so wunderbar,
Frühling schlägt die Harfe an,
Spiele mit, wer kann! —

---

2. Kuckucksblume.

Ich lag und schlief
  Und träumte tief
Von Sonnen und rauschenden Bronnen,
  Und drinnen lag
  Ich manchen Tag,
Hab vielem nachgesonnen.

Nun kommt der Tag,
Nun wird zum Gelag,
Zum Fest der Wecker mich laden.
Lang gab ich Acht:
Mich dünkt: er wacht,
Er fliegt daher über die Saaten.

Der Wecker ruft:
„Steig' aus der Gruft!
Brich auf der Kammer Pforten!
Es weicht der Druck:
Guck, guck! guck, guck!
Wie Alles so herrlich geworden."

Da guckt' ich hinaus
Aus dem engen Haus,
Hab mir die Äuglein gerieben.
Und als ich entzückt
Den Himmel erblickt,
Da bin ich draußen geblieben.

3. Veilchen.

Im fernen Land blüh'n Veilchen auch;
Man spricht: sie haben's besser!
Am Quellenrand in Waldesnacht
Wachsen sie schöner und größer. —

So sagt mir doch, ist's denn so schön
Im dunklen Haus zu blühen? —
Mir ist so wohl, mich deckt kein Dach,
Die Wolken seh' ich ziehen.

4. Hyacinthe.

Meine Zeit ist kurz; kaum bin ich erwacht,
Sink' ich zurück in die alte Nacht;
Doch was ich erlebet an einem Tag,
Viel tausend Leben bedeuten mag.

Dicht neben mir der weiße Schnee
Und Blumen jung auf der grünen Höh',
Die sprudelnden Wasser so hell und klar,
Die singen und springen gar wunderbar.

Das schönste aber, was ich erblickt,
Und was mir das Herz am meisten erquickt:
Ein Mädchenantlitz mit braunen Aug',
Das sah ich am blühenden Schlehenstrauch.

13

Zwar hab' ich viele Blumen gesehn,
Doch keine war so hoch und schön;
Drum was so herrlich und hold schaut drein,
Das muß wohl das Schönste auf Erden sein!

5. Tulpe.

Aus breit' ich meine Purpurblätter
Im goldnen Morgensonnenstrahl,
Voll Pracht bei'm hellen Frühlingswetter
Steh' ich im stolzen Königssaal.

Und soll die Sonne Königin heißen,
So bin ich auch die Königin:
Sie mag in ihrem Reiche kreisen,
Hier thron' ich als die Herrscherin.

Sie hat in ihren dünnen Lüften
Nur bleiche Sterne um sich her —
Mir blüht auf unermeßnen Triften
Ein unzählbares Blumenheer.

Und was ihr nie so gut wird werden,
Sie kennt nicht Liebe, kennt nur Zorn, —
Mir steht zur Rechten hier auf Erden,
Mein vielgeliebter Rittersporn.

6. Rittersporn.

Auf Ehre! ich bin ein Kavalier,
Nur fehlt mir leider das Pferd:
Doch Grundbesitz nicht mangelt mir:
Ich wurzle stolz in der Erd'!
　　Auf Ehre!

Auf Ehre! ich bin ein tapfrer Held:
Noch Niemand hat mich besiegt.
Den tapfern Rittersporn Keiner fällt,
Denn noch Keiner hat ihn bekriegt.
  Auf Ehre!

Auf Ehre! die Tulpe, die Königin,
Die sieht mich edlen Herrn —
Besonders weil ich von Adel bin —
Ganz ungeheuer gern.
  Auf Ehre!

––––––

7. Mandelblüthe.

Als Knospe voll, als Blüthe matt
Welkt in der Sonne mein zartes Blatt:
Als Knospe nehm' ich auf das Leben,
Als Blüthe muß ich es selber geben!

8. Glockenblume.

Der Küster Frühling kam in Eil',
Schloß auf die weite Kapell'.
Ich lag und träumte, da wacht' ich auf —
Der Morgen schien schon hell! —

Ich staunt' (geschlafen hatt' ich zu lang),
Legt an meinen besten Rock,
Dann faßt ich an den grünen Strang
Und zog die mächtige Glock'.

Und die schon wach, die fingen an
Zu beten und zu singen:
Die andern, die reiben die Augen sich,
Schnell aus den Betten sie springen.

Ich stand und läutet' den ganzen Tag;
Da war Gesang und Loben,
Und unter mir die Erde sprach,
Es tönte der Himmel droben!

Und als ich geläutet den ganzen Tag,
Da bin ich müde geworden.
Ich ging zu Bette, doch tönt es nach
Noch lang in vollen Accorden! —

––––––

9. Lilie.

Die Glocke tönt, die Orgel weht
In lang gehaltnen, mächt'gen Tönen;
Hin in die Kirche zum Gebet
Treibt mich ein lang gefühltes Sehnen.

Zum blauen Dome tret' ich ein —
O wie die ew'ge Lampe funkelt:
Es weicht die Nacht vor ihrem Schein,
Nichts ist, was mir mein Kleid verdunkelt.

Fest steht mein Fuß, mein Kelch ist Pracht,
Gewebt aus Farben und aus Düften:
Gott hat in seiner ew'gen Macht
Mich ausgestreut auf diese Triften.
Ich säe nicht, ich spinne nicht,
Ich sammle nicht in meine Scheuern, —
Er nährt und kleidet mich in Licht:
Mein Leben ist ein stetes Feiern! —

———————

Juste milieu.

(1842)

Nicht zu hoch und nicht zu tief,
Nicht zu grad und nicht zu schief, —
Wandle nach der guten Sitte
Immer in der rechten Mitte! —

Nicht zu warm und nicht zu rauh —
Drum am allerbesten lau,
Jedes Wort fein wohlbedacht,
Ob's auch hier gut angebracht.

Manches bringt dich in Gefahr,
Ist's an sich auch recht und wahr;
Darum Alles glatt polirt,
Daß dich's nicht zum Streite führt.

Wolle nicht auf Felsen klettern,
Wo die wilden Stürme wettern,
Nicht im tiefen Thale weilen,
Wo die kalten Bäche eilen.

Adler, der zur Sonne steigt,
Wird vom spitzen Pfeil erreicht!
Ist er noch so tief gegangen,
Leviathan wird gefangen!

Lobe mir das flache Land,
Giebts da wohl ein wenig Sand,
Ist doch Alles gleich und eben,
Braucht man kaum das Bein zu heben!

202

Meide jeden schmalen Steg,
Schleiche fein den breiten Weg,
Wo die liebe Polizei
Sorget, daß man sicher sei.

Ist's auch kothig — sei geduldig,
Denke stets was du dir schuldig!
Fällst du auch — was hat's für Noth!
Liegt es sich doch weich im Koth! —

Bettler-Lieder.

1841.

I. Geburt.

In einer Hütte dumpfem Raum
Sich sammelt die Gevatterschaft;
Durch schmuß'ge Scheiben schimmert kaum
Der Sonne frische Morgenkraft;
Der Branntwein fließt, der Becher klirrt, —
Die Wöchnerin ist taub und blind;
In dunkle Lumpen eingewirrt
Schreit hell das kleine Bettlerkind.

Und um sein Lager trippelt rund —
Man hat sie draußen aufgerafft —
Geflickt aus hundert Stücken bunt
Eilfertig die Gevatterschaft.
Leis murmelnd erst — dann krächzend fast —
Dann gellend laut, so wild, so bang
Bricht aus mit ungestümer Hast
Das Wiegenlied, der Parzensang.

„Weh dir, daß du geboren bist,
So nackt und bloß, so nackt und bloß!
Dein erster Tag mit Schmach begrüßt
Ein Elend furchtbar, riesengroß!
Weh deinem Kopf — der Sonne Strahl
Brennt einst zu deiner großen Pein
Ganz ungefragt das Narrenmaal
Der Armuth deinem Schädel ein!

Weh deinem Leibe, der gedörrt
Durch Sommerwind und Mittagsglut!
Weh deinem Herzen, das verstört
Umjagt das schwarze Bettlerblut!
Weh, daß du kamst mit leerer Hand!
Du findest nichts, 's ist alles leer;
Weh deinem Fuß! das öde Land
Wird er durchschreiten müd' und schwer.

Weh dir, daß du geboren bist!
Für dich bäckt Niemand schwarzes Brod:
Die Kat' es frißt, der Hund es frißt, —
Bei uns, bei uns hat's große Noth.
Gejagt, gehetzt bis in den Tod
Schleppt Jeder hin, so schlecht es ist,
Das seichte Leben, schmachbedroht:
Weh dir, daß du geboren bist!

9. Tod.

Ein schlechter Leiterwagen
Schnell durch die Straßen rumpelt,
Und hinter'm schwarzen Schragen
'Ne Schaar von Weibern humpelt.
Es haben nicht die Frauen
Gebetet und gesungen;
Es hat mich fast mit Grauen
Ihr heis'rer Ruf durchdrungen:
„Wohl dir, daß du gestorben bist!"

'S geht über kahle Felder,
Drauf dürre Stoppeln rauschen,
Und auf dem Kirchhof hält er,
Der Zug, den wir belauschen.
Ein drängt sich's zu den Thoren
In hastig schnellem Traben:
Einst wurdest du geboren,
Und jetzt wirst du begraben:
„Wohl dir, daß du gestorben bist!“

Die Aelteste im Kreise
Ist an das Grab getreten, —
Ich meint', in ihrer Weise
Würd' sie nun drüber beten.
Sie schaufelt mit den Händen
Hinab die trockne Erde,
Die Andern ab sich wenden,
Gleichgültig an Geberde:
„Wohl dir, daß du gestorben bist!“

Sie laufen, wie sie kamen,
Gepeitscht vom Sturmesflügel;
Und ohne Kreuz und Namen,
Verlassen bleibt der Hügel.
Es drängt sich aus den Thoren
Die Schaar in schnellem Traben:
„Einst wurdest du geboren,
Und nun bist du begraben:
Wohl dir, daß du gestorben bist!"

————— —————

Abschied.

Dec. 1845.

Ein öder, weiter Käfig, eisenfest, —
Viel kalte Luft darin, viel kalte Herzen, —
Von Lieb' und Treue nur ein kleiner Rest —
Fast Alles Lüge, — wahr nur sind die Schmerzen! —

Hier lebt der Stein, den unter hartem Schlag
Zum stolzen Kunstgebild' ich seh' erblühen;
Doch jene selbe Hand versteinte, ach!
Das Menschenherz, das so schön kann erglühen.

So wie das Blatt dem kranken Baum entfällt
Im Herbste, wenn die Nahrungssäfte stocken,
Und vor dem Nordwind über's kahle Feld
In Angst dahintreibt, zitternd und erschrocken:

Dem Vogel gleich, der aus dem kalten Land,
Wenn Winterstürme durch die Stoppeln sausen,
Den schnellen Flug gewandt zum wärmern Strand,
Mit lautem Schrei entflicht dem nahen Grausen, —

So an der Hand des Schreckens eil' ich fort!
Es lenkt den Entschluß bittere Erfahrung;
Und für die Freunde, die ich laß' am Ort,
Erfleh' ich Gottes heilige Bewahrung! —

Gedichte

von

Andreas Wilhelm v. Wittorff.

Aa und Embach.

Lettische Volkssage.

Die Aa und Embeck in grauen Zeiten
Thäten mit einander streiten
Ueber die Gauen im Livenland,
Darauf sie beid' ihr Aug' gewandt.
Kamen endlich die zwei überein,
Bei blauem Himmel und Sonnenschein
Selbander durch das Land zu streichen,
Darauf sich gütlich zu vergleichen.
Thun sich darauf zu Bett die Nymphen
In einer Herberg, — in Schuh und Strümp'en,

Daß sie morgen bei guter Zeit
Seien zur Wanderschaft bereit.
Nun war die Aa 'ne feine Dirn',
Rasch wie ein Wiesel, schlank wie 'ne Birn',
Jungfer Einbeck war träg zum Laufen,
Schwerfüßig, thät sich gern verschnaufen,
Hat kaum zum Gegengruß ihr: Gut' Nacht!
Ueber die schweren Lippen gebracht,
Da liegt sie auch schon in tiefen Träumen;
Was gilt's? Sie wird den Tag versäumen! —
Aber kaum blinkt der Morgenstrahl,
Da wird der Aa ihr Bett zu schmal;
Sie schlüpft hinaus und — fort in's Weite!
Schön Morgenroth ist ihr Geleite. —
Sucht sich nun auf eigenen Stegen
Die schmuckſten Ufer allerwegen;
Muß Städt' und Berge all' beſehn,
Will sich mit Luſt durchs Land ergehn.
Was ist die Gegend doch so hold:
Treiden, Cremon und Segewold!

Sie kann's nicht lassen nach Berg und Auen
Wieder und wieder sich umzuschauen. —
Nun kommt bei hellem Tagesscheine
Jungfer Embeck auch auf die Beine;
Sie guckt umher — du liebe Zeit!
Die Aa war sieben Meilen weit!
Da schleicht verdrossen mit Schimpf und Schand
Die träge Dirne aus dem Land,
Grad zu, weiß selbst nicht, wohin sie geh', —
Patsch! da liegt sie im Würzjerw-See! —

Die Rieseneiche.

———

Ich war ein zarter Schoß auf grünem Plan,
Gesellt zu tausend zarten grünen Schossen;
Der Wiese Blumen waren mir Genossen,
Ich selbst schien Blume mir im Kindeswahn.

Bald hob der Trieb zu streben mich empor;
Nun mußt ich von der Blume Düften scheiden,
An ihren Farben nur durft ich mich weiden, —
Bis ich die Flur aus meinem Blick verlor.

Denn mit mir strebten, die mir zugesellt,
Zum Licht hinan; so zog die treue Pflege
Des Himmels und der Erd uns zum Gehege,
Zum stolzen Baumheer vor den Sturm gestellt.

Mich aber spornt ein unbesiegter Drang,
Mich näher an die Sternenwelt zu wagen;
Bald konnt ich frei die Waldung überragen,
In der sich kosend Baum und Baum umschlang.

So ward ich denn ein einsam stehnder Baum
Inmitten meiner einstigen Gespielen!
Den Sternen nach will meine Sehnsucht zielen,
Und an die Wiese denk ich nur im Traum.

Wol spür' ich oft der Oede leises Grau'n,
Seh' ich zu Füßen mir die niedre Hecke,
Und mir zu Haupt die graue Wolkendecke,
Durch die kein Strahl des hehren Lichts zu schau'n.

Doch — kann ich bei des Himmels lauterm Schein
Im fernen Forst gewahren — nur zwei Eichen,
Die mir in Maaß und kühnem Streben gleichen,
Dann grüß ich sie und bin nicht mehr allein!

Und leuchtet mir das Haupt vom heilgen Strahl,
Wenn tief in Nacht sich hüllten Wald und Matten,
Dann blick ich stolz hinab in's Reich der Schatten,
Und fühl' den Lohn, daß ich entstieg dem Thal.

Erstirbt mir einst des Strebens muth'ge Kraft,
Und kann ich, himmlisch Licht, dich nicht erreichen;
Dann senke zürnend dich in diesen Schaft:
Denn Flammen ziemen sich für Königsleichen.

Der Schwimmer.

Fort, tragt mich fort, ihr rauschenden, kühlenden
Wellenschwingen,
Ihr starken schwellenden Arme der Fluth!
Weit fort von des Landes Schwelle,
Von des Staubes Scholle,
An der zu kleben der Staub verdammt ist!
Heil mir! ihr habt den Bann gelöst;
Beflügelte Sohlen, ihr drückt die drückende
Erde nicht mehr!
Hinter mir der Mühlen Geflapper,

Hinter mir die große Klappermühle der Welt,
Unerreichbar dem umrauschten Ohr,
Dem Aether saugenden Auge —
Dem Gedanken nur ein erblassender Traum —
Die Noth der Menschen, die raffende Gier, die Klage,
Das Elend der Erde, der Zeit!
Vor mir die Unendlichkeit
Des Meers und des Himmels,
Ein heilig Gleichniß schrankenloser,
Allgenugsamer Göttlichkeit! —
Bin ich nicht gleich
Dem hinrauschenden Vogel,
Den vom sandigen Hügel
Neidisch mein Blick durch den Aether verfolgt?
Er grüßt den muthigen Schwimmer,
Und taucht aus der kühleren Welle der Luft
Gern in die laue Meereswoge herab.
Gleich' ich nicht einem der entfesselten Geister,
Die vor Ossians hellen Augen
Reiten auf Wolkenrossen?

Umfängt mich nicht ringsher des Himmels Schooß,
Das Erdenkind in lichten Traum zu wiegen?
Rollt nicht die Sonne ihren goldnen Wagen
Nieder zu mir und breitet den Purpur=Teppich
Der Abendstrahlen vor mir hin?
O, harre mein! ich komme! — —
Du sinkst, — schon sink' auch ich! Straft, Götter,
                          ihr den Wahn,
Des Geistes Sehnsucht nach der Geister Wonne?
Nein, nein! ich sink' um euch zu nah'n,
Und Aug' in Auge mit der Abendsonne! —

Entwöhnung.

O, fragt mich nicht, was mich so bang bewegt,
Wenn reine Freude sich an's Herz mir legt,
An dieses Herz, das jede Sorge hegt,
Und — schwer an einer leichten Stunde trägt!

Mein Leben hat kein besser Glück gekannt,
Als seine Sehnsucht nach des Glückes Land,
Und wenn ein Tag die Sehnsucht überwand,
Fühl' ich in eine Fremde mich verbannt.

O, fremde Lust, die bald mein Herz gewinnt,
Giebt es denn Herzen, die hier heimisch sind?!
Ihr Alle seid's! Und ich — ihr Thränen, rinnt!
Auch ich war hier daheim als selig Kind!

Vergangenheit.

———

„Was hängst du nach vergang'nen Tagen!
Genug, wenn sie ein Traum erneut.
Willst du dich mit Erinn'rung tragen,
Höhnst du den Tag, der dir gebeut."

Ich weiß, was wir der Stunde schulden,
Und um das Brot thu' ich genug.
Der Geist mag seine Pflichten dulden,
Das Herz — nehm' seinen liebsten Zug!

Dich hält ein kranker Wahn gefangen,
Der sich nur um's Verlor'ne müht!
Du bist noch jung, du darfst verlangen,
Doch nur von dem, was heute blüht."

Heut' ist mir keine Lust geboren,
Der Tag bescheint das alte Leid!
Doch ewig sind mir unverloren
Die Schätze der Vergangenheit.

Weh' euch! die ihr in dumpfer Enge
Des Herzens nur dies Heute hegt,
Und, fürchtend jedes Tages Strenge,
Das Gestern gleich zum Kehrich fegt!

Wol habt ihr nie die Lust empfunden,
Wenn uns, von Spähern unbelauscht,
Ein Engel schönvergangner Stunden
Am freudeleeren Tag' umrauscht.

An den Mond.

———

Gott grüß' dich, treuer Wächter,
Ob deinem goldnen Heer!
Die Menschen, die Verächter,
Die grüßen dich nicht mehr.

Sonst weihte dir wol Lieder
Der beste Musicus!
Sie klangen dir nicht wieder
Seit Vater Claudius!

O ja! mit langen Tuben
Beglasaugt man dich gern;
Man zählte gern die Stuben
In dir und jedem Stern.

Doch deinem süßen Lichte
Ein preisend Lied zu weih'n,
Das fällt, wie viel er dichte,
Dem Deutschen heut' nicht ein!

Freund, laß zum Trost dir sagen:
Es geht dem Hain, der Flur
Gleich dir in diesen Tagen
Der hohlen Unnatur!

Natur, die alte Mutter,
Nährt nur — das liebe Vieh
Mit ihrem üpp'gen Futter,
Nicht unf're Phantasie!

Der Schöpfung alte Wunder
Sind heu'r uns keine mehr;
Es schweift nach neuem Zunder
Die Phantasie umher.

Die arme kann nur dichten,
Wenn sie im Fieber brennt;
D'rum läuft sie nach Gesichten
Bis in den Orient!

Ich bleibe gern zu Hause
Und miß, bei deinem Licht,
Vor meiner stillen Klause
Die höchsten Wunder nicht.

Die alten hohen Bäume,
Der höh're Wolkenzug,
Die höchsten Sternenräume —
Sind mir der Wunder g'nug!

Ich steig' auf dieser Leiter
Empor, wo Liebe wohnt,
Und du bist mein Begleiter,
Du wundervoller Mond!

Frühlingsweisheit.

———

Frisch in den tiefsten Wald hinein
Zu wieder grünen Bäumen!
Da harret längst, da harret mein
Das alte Frühlingsträumen.

Die volle Seele ungetheilt
An die Natur gebunden!
So hat mich Lenz für Lenz geheilt
Von Winters schlimmen Wunden.

Schon rauscht mir lichter Frühlingssinn
Entgegen aus den Quellen;
Der Pilger wallet gläubig hin
Zu wunderthät'gen Stellen.

Zieh' ein, zieh' ein, du kühne Last,
Den feigen Ernst zu jagen!
Sei du das Herz in dieser Brust,
Das alte wollt' nicht schlagen!

Wie er in's Thal zum Nebel zieht —
Der Grillen Nebelschleier!
Wie neu verklärt mein Auge sieht
Des Lenzes hehre Feier!

Ach, Herz, was du so bang gesucht,
Wie hat sich's denn gefunden?
Du hast dem Leben oft geflucht,
Nun segnen dich die Stunden!

Nun will der Lenz mit voller Huld
Die ganze Welt erlösen,
Nun fühlt kein Sünder seine Schuld,
Nun giebt es keine Bösen!

Mich aber grüßt das Himmelskind
Mit zärtlicherem Kosen,
Und mir zu Haupt, wo's Bächlein rinnt,
Blüh'n seine schönsten Rosen.

Wer nennt mir doch so holden Ort,
Als hier an stillen Gründen,
Wer sagt mir doch so tröstend Wort,
Als Quell und Vogel künden!

Wollt' ich sie zeichnen mir in's Buch,
Das wär ein eitel Streben,
Und doch — sie machen froh und klug,
Auch fromm und still daneben!

Zieht hin in Frieden, Jung und Alt,
Ihr kirchlichen Getreuen!
Blüht euch im Haus, was mir im Wald,
Mich soll es herzlich freuen!

Nun schallen auch die Glocken h'rein
Der nahen Bergkapelle;
Das klingt gar ehrbarlich und fein
Aus meiner grünen Zelle.

Lesestunden.

————

Im Frühling sollt ihr lesen —
Blumen zu sinnigem Bund,
Und zu geliebten Wesen
Reden durch Blüthenmund.

Im Sommer sollt ihr lesen —
Küsse in Hainesnacht; —
Wär das Laub nicht so dicht gewesen,
Hätt'st es nimmer zum Küssen gebracht.

Im Herbst, da sollt ihr lesen —
Trauben, gefüllt mit Gold,
Von Liebesschmerz genesen,
Wenn euer Liebchen schmollt.

Im Winter mögt ihr lesen,
Was sonst zu lesen — mit Ruh';
Doch spürt ihr Lenzes Wesen,
Klappt mir das Buch nur zu!

———

Das rechte Wort.

————

Wie gaben wir uns süße Namen,
Und nimmer war's das rechte Wort!
Beklemmten Herzens, wie wir kamen,
Schied jedes vom geliebten Ort.

Wie wir in Liebe selig waren,
Wie sie der Erde uns entrückt,
Wir konnten's uns nicht offenbaren,
Und ach, wie hat uns das gedrückt!

Nun wechseln wir in trauten Stunden
Die Worte nur zum Ueberfluß;
Verstanden sind wir und verbunden,
Seit ich gewagt — den ersten Kuß.

Da schlug das innerste Entzücken
Hinüber wie ein Liebesblitz!
So leicht, so süß war's auszudrücken,
Was über aller Worte Witz!

Und grüßt' ich dich nach langen Jahren,
Ich wär mit Reden bald am Schluß.
Was ich gelitten und erfahren,
Dir sagte Alles — Kuß auf Kuß!

Johanniswürmchen im Regen.

Der Regen stürzt mit Schauern
Auf meinen umnachteten Weg:
Johanniswürmlein kauern
Auf feuchtem Kraut im Gehez.

Solch hold Johannisfeuer
Hat sonst mein Aug' entzückt;
Das lästige Wetter heuer
Mir alle Lust erdrückt.

Wie düster glimmen die Funken,
Wie rauscht es um und um:
Als wären Sterne gesunken,
Als weinte der Himmel darum!

Vom Berge.

———

Noch einmal läßt sie gold'nen Tag
Dem Götterblick entstrahlen,
Und Berg und Wipfel, Dorf und Hag
In heil'gem Glanz sich malen.

Ich hab' das Bild mit stillem Dank
In meine Brust geschlossen,
Und walle nun die Nacht entlang
Getrost und unverdrossen. —

Nun fürcht' ich auch die längste nicht;
Wie dunkel sie mich bettet:
Ich habe mir vom ew'gen Licht
Den gold'nen Traum gerettet!

Herbſtbote.

Noch lacht ſo goldner Sonnenſchein
Durchs Blätterdach zum Wald hinein;
Noch flattert dort ein Schmetterling;
Noch ſchwärm' auch du und dicht' und ſing'.

Der Sommervogel ſenkt den Flug, —
Ach Herz', das war ein herber Trug!
Es iſt — ade, mein Sommertraum! —
Ein gelbes Blatt vom grünen Baum!

Nun halt ich's Blättchen in der Hand
Und leſ' und leſ' d'ran unverwandt;
Was mag doch in dem Brieflein ſtehn,
Daß mir — die Augen übergehn!?

Kenotaphion.

———

Ein Jüngling kniet, das Haupt gebückt,
Vor einem Rasenpfühl,
Das Antlitz tief in's Gras gedrückt,
Daß es die Wange kühl'.

Wen schließt der stille Hügel ein,
An dem der Jüngling kniet?
Wol wird es die Geliebte sein,
Zu der's ihn niederzieht?

Der Hügel deckt nicht Todtenstaub,
Ob er auch Zähren trank,
Es ist nur, halbverstedt vom Laub, —
Eine grüne Rasenbank!

Und wer einmal zu Zweien saß
In süßer Waldesruh',
Und solcher Stunde nicht vergaß, —
Sing' selbst den Schluß dazu.

————

Herbst-Anfang.

———

Ja — streiche nur durch Wald und Meer
Und kreuz' mit allen Winden, —
Die Blume, die dein Herz verlor,
Wirst nicht im Walde finden!

Nun seh' ich, seit ich sie nicht sah,
Den Sommer sich entfärben;
Nun spür' ich erst: der Herbst ist da,
Und Halm und Baum will sterben!

Und mit dem Halm und mit dem Baum
Will auch mein Muth erblassen;
Ach, Welt und Herz — ein leerer Raum,
Den Stürmen überlassen!

Sie kommt nicht!

Noch einmal glänzt mein trauter Wald
In schönsten Lichtgeweben;
Durch alle Bäume, jung und alt,
Weht heut' ein festlich Leben.

Die Lüfte kehrten schon das Haus
Und still ist's, wie vor'm Feste;
Manch hoher Wipfel schaut hinaus,
Als harrt' er lieber Gäste. —

Nach wem doch schau'n sie müde sich,
Bis — ach! der Tag verglommen?
Wir wissen's wohl, der Wald und ich,
Sie aber — will nicht kommen!

Lieder

von

C. Stern.

1844 — 1845.

1.

Frühlingsbotschaft.

1844.

———

Auf der Marmorburg Altane
Sah ich stehn in Lüften frei
Einsam eine Tulipane,
Die mir Kunde gab vom Mai,
Und ich sprach: zur guten Stunde
Sei gegrüßt in deiner Pracht,
Blume, die mit goldnem Munde
Frohe Botschaft mir gebracht! —

Frühling ist an allen Enden,
Ueberall hin wirkt sein Bann;
Selbst in kalten, öden Wänden
Tritt er seine Herrschaft an.
Und wo nur ein Keim vorborgen
Gläubig der Erlösung harrt,
Soll erblühen ihm der Morgen
Einer schönern Gegenwart.

2.

Abendlied.

Leis vom Himmel rinnt der Thau,
Blümlein schlafen auf der Au,
Düfte wehn und athmen sacht,
Glühwurm ist im Gras erwacht

> In der Nacht.

Mond die Heerde weiden will,
Lauschet über'm Walde still,
Zitterstrahlen malen hell
Auf der Flut sich, Well' um Well'
                   Rauscht der Quell.

Fern im ernsten dunklen Wald
Lied der Nachtigall erschallt;
In den dichten Zweigen dort
Singt sie nur vom Liebeshort
                   Immerfort. —

Nach des Tages Drang und Streit
O wie lieb ist diese Zeit! —
Was erlebt ist über Tag,
Hallt im Herzen, Freud' und Plag',
                   Leise nach.

Geist des Friedens, der du warm
Hegst die Welt im linden Arm,
Bange Herzen doch zumeist
Labst und tröstest, sei gepreist,
                    Heilger Geist! —

Alles, was getrennt sich liebt,
Was sich abhärmt und betrübt,
Weide du auf deinen Au'n,
Was sie wünschen, laß sie schau'n,
                    Voll Vertrau'n!

Senke dich, du Geist des Herrn,
Auch in meine Seele gern!
Sieh', der Unruh ist so viel,
Leite du durchs Weltgewühl
                    Mich ans Ziel! —

Horch, in Bäumen weht der Wind,
Blumen schlafen, Nebel rinnt,
Engel halten still die Wacht,
Fern ans Lieb hab' ich gedacht, —
                    Gute Nacht! —

————

3.

Treue über Alles.

———

Würd' auch zur Stund' mein Herz gesund,
Das Leid um dich muß tragen,
So trüg' ich doch viel herb'res noch,
Eh' ich sollt' dir entsagen! —

Und würd' ich gleich geehrt und reich,
Und müßte dich verlieren,
So litt' um's Brod ich lieber Noth
Und bettelt' an den Thüren.

Reichthum und Ehr', zu Land und Meer,
Kann sich der Mann erringen:
Lieb nur allein, schlicht, hold und rein,
Sie läßt sich nie erzwingen.

Der Felsen zollt Gestein und Gold,
Das Meer die Perl' zur Frohne:
Ein treues Herz in Freud' und Schmerz
Bleibt doch des Lebens Krone.

Sei immer neu, du heil'ge Treu',
Gern will um Lieb' ich leiden!
So bleibst du mein, und ich bleib' dein,
Bis uns der Tod mag scheiden.

4.

Soldatenlied.

Nach dem Russischen.

———

Die Schelmin Lieb', bei Tag, bei Nacht,
Hat mich in schlechten Ruf gebracht,
In Schaden und in Schande.
Nun bin ich ihrer herzlich satt,
Ich bin von heut an ein Soldat
Und wandre aus dem Lande.

Wir schreiten durch die lange Gass',
Da blick' ich, und mein Aug' wird naß,
Nach ihrem Haus hinüber.
„Ich geh bergab, du gehst bergauf,
Leb wohl! das ist nun Weltenlauf!"
Und still zieh' ich vorüber.

Die Trommel ruft, ich folge nach,
Du lasse nur das Weh und Ach,
Es wird sich Alles geben! —
Ade mein Herz, mein feines Kind,
Ade mein Liebchen, leichtgesinnt,
Für's ganze, ganze Leben.

5.

So viel Keime, als verdarben,
So viel Blüthen, als da starben,
Die gewelkt schon Morgens frühe,
Und getäuscht des Gärtners Mühe:
Wißt, es hat der Herr ein Feld
Eigends wo für sie bestellt.

Was zum Leben ward geboren,
Geht dem Leben nicht verloren;
Droben blüht es in dem Garten,
Das die Engel Gottes warten,
Und, sei's Blume, sei es Dorn:
Jedes wird ein reifend Korn.

So viel Seufzer, so viel Thränen,
Schmerz und ungestilltes Sehnen,
Hoffnung, die wie Traum vergangen,
Treu und Liebe, die mißlangen:
Hoffet! harret! duldet! strebt!
Nichts, Nichts hat umsonst gelebt!

———————

6.

Noch geht die Welt im alten Gleis,
Noch wechselt kalt und warm und heiß,
Und jeglich Ding hat seine Zeit
Von Anfang bis in Ewigkeit.
Ist Winter noch so grob im Haus,
Zur Thür wirft Frühling ihn hinaus;
Dann keimt und sproßt das seidne Gras,
Die Bäche gehn, wie flüssig Glas,
Die Erde trägt ein Hochzeitskleid,
Der blaue Himmel spannt sich weit,
Und überall, im Wald, im Thal,
Da jubeln Vögel ohne Zahl.

Drum Herz, und geht's dir noch so schlecht,
So denk: Gott schickt es, mir ist's recht;
Es wird zuletzt doch besser gehn,
Die Welt ist rund und muß sich drehn;
Der Frühling kommt ein ander Mal,
Und schmückt auch mir den Freudensaal;
Doch wie's auch gehn mag — ich halt' aus,
So bleib' zuletzt ich Herr im Haus.

7.

Ihr goldnes Auge schloß die Welt,
So still wird's nun hienieden;
Die Wimper sinkt, der Schleier fällt,
Der Geist ruht aus in Frieden.
Es schweigt das Herz und stillt den Drang,
Am Himmel schweigen die Sterne,
Nur eines Vögleins Nachtgesang
Hallt lieblich aus der Ferne.

Einst kommt noch still're Abendzeit,
Dann hast du ewig Ruhe;
Du schläfst in tiefer Einsamkeit
In enger, dunkler Truhe.
Dann hallt von dir nur noch ein Klang
Eine Weile, sanft und eigen,
Gleich wie des Vögleins Nachtgesang,
Und dann ist tiefes Schweigen.